Maja Pflug stellte in ihrer Biographie die ganze Natalia Ginzburg vor: die kleine, schüchterne Nachzüglerin, die eine »Plage« ist; das gelangweilte Mädchen mit musikbegeisterter Mutter und einem Naturwissenschaftler als Vater, sie Katholikin, er Jude, beide erklärte Atheisten in einem faschistischen Staat; die junge Frau mit ihren bitteren Erfahrungen im Widerstand und in der Verbannung, den Verlust des geliebten ersten Mannes Leone Ginzburg und ihr mühsames Überleben mit drei kleinen Kindern. Nach dem Krieg arbeitet Natalia Ginzburg als Lektorin für den Einaudi-Verlag, wo sie sich für eine neue, couragierte Literatur einsetzt und ihre eigenen Bücher erscheinen. 1963 wird sie durch die Veröffentlichung ihres autobigraphischen Romans ›Familienlexikon‹, für den sie den renommierten italienischen Literaturpreis, den Premio Strega, erhält, schlagartig bekannt. Der Roman spiegelt die Erfahrung des Faschismus und der Nachkriegszeit wider – prägende Jahre für den Werdegang dieser Autorin, die bereits als junges Mädchen heimlich Gedichte verfaßt und in einem Essay über sich selbst gesagt hat: »Mein Beruf ist das Schreiben, das weiß ich genau und seit langer Zeit ...«

Maja Pflug, geb. 1946, Übersetzerausbildung in München, Florenz und London, erhielt 1987 den Premio Montecchio. Sie lebt in München und Italien.

NATALIA GINZBURG

Eine Biographie von MAJA PFLUG

Fischer Taschenbuch Verlag

Für Günther und UWaChriWo

Veröffentlicht im Fischer Taschenbuch Verlag GmbH,
Frankfurt am Main, Juni 1999

Lizenzausgabe mit freundlicher Genehmigung des
Verlags Klaus Wagenbach, Berlin

Druck und Bindung: Clausen & Bosse, Leck
Printed in Germany
ISBN 3-596-14304-7

Geboren in der Via della Libertà
1916-1921

Am 14. Juli 1916 brachte Lidia Tanzi in Palermo ihr fünftes Kind zur Welt: Natalia. »Am Tag des Sturms auf die Bastille, in der Via della Libertà!« Natalia wurde im Sommer geboren, und dem Kind blieb er die liebste Jahreszeit: »Ich freute mich über die Hitze

Blick auf Palermo

und über die ersten Kirschen... Die Kutscher stülpten den Pferden Tüllhauben über den Kopf, um sie vor den Fliegen zu schützen. Ich sagte, die Pferde seien ›wie Feen gekleidet‹. Bei den ersten ›wie Feen gekleideten Pferden‹ fühlte ich mich glücklich.«

Natalia kam als Nachzüglerin, ihr ältester Bruder, Gino, war fünfzehn Jahre älter als sie. Wenn ihre Eltern manchmal darüber sprachen, was aus Natalia werden sollte, falls ihnen etwas zustieße, da sie ja schon alt seien, sagte sie: »Macht euch keine Sorgen, ich habe ja Gino, der beschützt mich.«

Der Vater, Giuseppe Levi, war Triestiner, groß und rothaarig. Er wohnte mit seiner Frau Lidia, die aus der Lombardei stammte, und Natalias vier in Florenz geborenen Geschwistern in der sizilianischen Stadt, weil er zu jener Zeit an der dortigen Universität Anatomie lehrte.

1915 trat Italien in den Ersten Weltkrieg ein. Giuseppe Levi wurde als Stabsarzt in der Nähe von Triest im Karst stationiert und kam die Familie nur in seltenen Fronturlauben in Sizilien besuchen. In Palermo war vom Krieg nicht viel zu spüren, und Lidia ging mit ihren Kindern am Strand von Mondello zum Baden. Meist trafen sie dort Olga, eine Freundin der Schwester Paola, und Natalia nannte sie die »lebendige Olga«, um sie von ihrer Puppe Olga zu unterscheiden.

CARLO TANZI UND Giuseppina Biraghi, die Eltern von Natalias Mutter, heirateten 1877 in Mailand. Sie waren Nachbarn gewesen. Carlo Tanzi, ein junger Mann mit Brille, distinguiert, angehender Rechtsanwalt, gefiel der blonden, hübschen Giuseppina, die aus einer einfachen Familie stammte, weil sie ihn jeden Tag zur Portiersfrau sagen hörte: »Sind Briiiefe für mich da?«, mit gedehntem »i«, was ihr sehr vornehm vorkam, und weil sie sich »für den Winter einen Mantel aus schwarzem Samt« wünschte. Carlo Tanzi übte seinen Beruf als Anwalt nicht aus, sondern verschrieb sich als engagierter Sozialist der aktiven Politik. Leonida Bissolati und Filippo Turati, zwei Gründerväter der Sozialistischen Partei Italiens, und Turatis Lebensgefährtin, die russische Revolutionärin Anna Kulischoff, gingen in seinem Haus aus und ein. Für Lidia waren die Freunde ihres Vaters wie nahe Verwandte. Giuseppina dagegen blieb das politische Leben ihres Mannes immer fremd, und über ihre Tochter Lidia pflegte sie zu sagen: »Das Mädchen wird noch einen Gasmann heiraten.« Die Ehe war nicht glücklich. Schließlich trennte sich das Paar, und Giuseppina zog nach Florenz. Carlo Tanzi nahm in den letzten Lebensjahren seine Tätigkeit als Anwalt wieder auf; »aber er schlief bis fünf Uhr nachmittags, und wenn Klienten kamen, sagte er: ›Was wollen sie denn? Schickt sie fort!‹«

Aus der Ehe gingen drei Kinder hervor: Natalias Mutter Lidia, Drusilla, »die immer ihre Brille zerbrach«, und Silvio.

Lidia Tanzi, Natalias Mutter

Lidia, geboren 1878, war jahrelang im Internat gewesen, wo es ihr ausgezeichnet gefiel: »Sie hatte auf den Schulfesten Theater gespielt, gesungen und getanzt... Sonntags besuchte sie einen Onkel mütterlicherseits, und zum Mittagessen gab es Truthahn.« Mit sechzehn ging sie vom Internat ab, verließ Mailand und zog zu ihrer Mutter nach Florenz. Sie schrieb sich an der Medizinischen Fakultät ein, beendete aber ihr Studium nicht, weil sie Natalias Vater kennenlernte und ihn heiratete. »Meine Großmutter väterlicherseits wollte diese Ehe nicht, weil meine Mutter keine Jüdin war, sondern, so hatte man ihr erzählt, eine sehr fromme Katholikin. Aber das stimmte nicht: in der Familie meiner Mutter ging niemand in die Kirche.«

Lidias Schwester Drusilla lebte ebenfalls in Florenz. Sie heiratete Matteo Marangoni, Professor für Naturgeschichte, der an einer Privatschule unterrichtete. Der Dichter Eugenio Montale, schon durch seinen Gedichtband »Tintenfischknochen« bekannt, gehörte zum Freundeskreis der Marangonis und lebte ab 1929 einige Jahre bei ihnen in einem Zimmer im Kellergeschoß. Er und Drusilla verliebten sich. 1939 zogen sie schließlich zusammen in eine eigene Wohnung, übersiedelten 1948 nach Mailand, wo Montale Redakteur beim ›Corriere della Sera‹ geworden war, heirateten aber erst 1963, ein halbes Jahr vor Drusillas Tod. Drusilla lebt in Montales Dichtung als *La Mosca* fort.

Silvio, der Jüngste der drei, wurde Musiker und Literat. Er war sehr elegant: »Mit Strohhut und Spazierstock ging er durch Mailand, um seine Freunde zu treffen und in den Cafés über Musik zu diskutieren.« Wenn Natalias Mutter von ihm erzählte, stellte sie ihn immer als einen sehr heiteren Menschen dar, nur über sein Ende schwieg sie. Als Natalia später Einzelheiten darüber erfuhr, schien es ihr unerklärlich: Silvio erschoß sich mit dreißig Jahren nachts auf einer Parkbank in Mailand.

Giuseppe Levi, Natalias Vater

NATALIAS VATER, Giuseppe Levi, stammte aus einer jüdischen Triestiner Bankiersfamilie. Sein Vater, Michele Levi, der »ein überaus sanfter und gütiger Mann gewesen sein muß«, heiratete 1871 Emma Perugia, »das zweitschönste Mädchen von Pisa«. Die beiden hatten zwei Kinder, Giuseppe und Cesare. Emma verwitwete früh – Michele Levi starb, als Giuseppe vierzehn Jahre alt war – und kehrte danach mit ihren beiden Söhnen in die Toskana zurück.

Giuseppe begann in Florenz Medizin zu studieren, und in Anspielung auf seine roten Haare nannten seine Kommilitonen ihn »Pom«, von »pomodoro« – Tomate. Der andere Sohn, Cesare, ruhig, dick und immer lustig, wurde ein überaus wohlwollender Theaterkritiker: »Er mochte nie etwas Schlechtes über ein Stück sagen, sondern fand an jedem etwas Gutes.« Er heiratete eine Schauspielerin, und seine Mutter empfand das als große Tragödie. Jahrelang gestattete sie Cesare nicht, ihr seine Frau vorzustellen; eine Schauspielerin zur Schwiegertochter zu haben, schien ihr noch ungehöriger als eine, die sich bekreuzigte.

Emma war sehr reich, und auf die Frage, warum sie denn nicht wieder geheiratet habe, antwortete sie »mit schrillem Gelächter und einer Direktheit, die wir ihr nie zugetraut hätten: ›Kuckuck! Um mir mein ganzes Vermögen durchbringen zu lassen?‹« Sie verarmte im Ersten Weltkrieg: Gegen den Rat ihres Sohnes Giuseppe behielt sie die Wertpapiere, die sie in Österreich besaß, da sie blindes Vertrauen zu Franz Joseph hegte und sich nicht vorstellen konnte, daß Italien gewinnen würde. So verlor sie viel Geld. »›Mein Unglück‹, pflegte sie händeringend zu sagen, wenn sie darauf anspielte.« Dennoch blieb ihr auch nach dem »Unglück« noch ihr schönes Haus in Florenz, eingerichtet mit den indischen und chinesischen Möbeln und türkischen Teppichen, die sie von ihrem Großvater geerbt hatte, dem Großvater Parente, der von Kaiser Franz Joseph 1848 wegen seiner Unterstützung Österreichs im Kampf gegen Piemont in den Adelsstand erhoben worden war. An den Wänden ihres Salons hingen die Porträts ihrer Vorfahren, das Bildnis ihres Vaters jedoch fehlte. »Von ihm durfte nicht gesprochen werden: nachdem er Witwer geworden war, hatte er eines Tages mit seinen schon erwachsenen Töchtern gestritten und erklärt, er würde die erstbeste Frau heiraten, die ihm auf der Straße begegnete.« Mit dieser neuen Frau – ob es wirklich die erstbeste war, weiß man nicht – hatte er noch eine Tochter, die Emma nie kennenlernen wollte. Voll Abscheu bezeichnete sie sie als »Papas Kind«, auch als »Papas Kind« längst eine reife Dame geworden war.

Emma lebte nach strengen Grundsätzen und »hatte große Angst vor Ansteckung und Krankheiten, war jedoch kerngesund und starb über achtzigjährig, ohne je einen Arzt oder Zahnarzt gebraucht zu haben«.

»Wie aus diesem Bankiersgeschlecht mein Vater und sein Bruder Cesare, denen jeglicher Geschäftssinn mangelte, hervorgehen konnten, weiß ich nicht. Mein Vater widmete sein Leben der wissenschaftlichen Forschung, ein Beruf, der ihm kein Geld einbrachte; und er hatte vom Geld eine unbestimmte und wirre Vorstellung, deren Hauptmerkmal eine absolute grundsätzliche Gleichgültigkeit war... Sein ganzes Leben begleitete ihn die Sorge, von einem Augenblick zum anderen mittellos auf der Straße zu stehen, eine irrationale Sorge...«

ALS GIUSEPPE LEVI und Lidia Tanzi heirateten, arbeitete Giuseppe in Florenz in einer Klinik bei einem Onkel von Lidia, der Irrenarzt war und deshalb, obwohl von großer Klugheit, gebildet und ironisch, in der Familie den Spitznamen »der Schwachsinnige« trug.

Es dauerte einige Zeit, bis Giuseppe seine Mutter, die sich »vor denen, die nicht Juden waren wie sie, ekelte wie vor Katzen«, überreden konnte, sich Lidia doch vorstellen zu lassen. Sie trafen sich eines Abends im Theater, wo sie sich eine Komödie ansahen. Die Karten, Plätze in den ersten Reihen, hatte Giuseppes Bruder Cesare, der Theaterkritiker, besorgt. Die beiden Frauen mochten einander, und Lidia wurde die einzige nichtjüdische Person, die die mißtrauische Emma in ihrem Leben liebgewann.

»Meine Mutter lernte dann im Haus meiner Großmutter väterlicherseits die vielen Margheriten und Reginen kennen« – Giuseppes Cousinen und Tanten, die alle diese damals in jüdischen Familien gebräuchlichen Vornamen trugen – »auch die berühmte Vendée, eine Tante, die damals noch lebte und so genannt wurde, weil sie reaktionär war und in ihrem Salon Zopfträger und Reaktionäre empfing. Der Großvater Parente dagegen war schon geraume Zeit tot.«

IM JAHR 1901 wurde Giuseppes und Lidias erster Sohn Gino geboren, im Jahr darauf die Tochter Paola, 1905 folgte Mario und 1909 Alberto. Als Alberto ein Jahr alt war, zog die Familie nach Sardinien, da der Vater eine Stelle als Anatomieprofessor in Sassari bekommen hatte. Nach einigen Jahren wurde er dann nach Palermo versetzt, wo Natalia geboren wurde: die letzte von fünf Geschwistern.

IM JAHRE 1919, als Natalia drei Jahre alt war, erhielt Giuseppe Levi einen Ruf an die Universität von Turin. Er fuhr voraus und suchte eine Wohnung. »Die Wohnung in der Via Pastrengo war sehr groß. Sie hatte zehn oder zwölf Zimmer, einen Hof, einen Garten und eine Glasveranda, die auf den Garten hinausging; sie war jedoch sehr dunkel und gewiß feucht, denn im Winter wuchsen im Klo zwei oder drei Pilze.« Im September zog die Familie um.

Der Bahnhof an der Porta Nuova in Turin

Die ersten Jahre in Turin waren schwierig, vor allem für Natalias Mutter. Es war Nachkriegszeit, die Lebensmittelpreise stiegen, die Kinder wuchsen und brauchten neue Schuhe, Mäntel und Schulbücher, und nie reichte das Geld, denn Giuseppe verdiente nur sein für eine siebenköpfige Familie nicht üppiges Professorengehalt. Manchmal weinte sie. Ihr Mann hatte oft schlechte Laune, sie mußte sich wieder an Schnee und Kälte der Turiner Winter gewöhnen und dachte wehmütig an Sassari und Palermo zurück; dort waren die Wohnungen sonnig gewesen, und sie hatte, so schien es ihr jetzt, ein bequemes und leichtes Leben und hervorragende Putzfrauen gehabt. »Dennoch war sie glücklich, denn kaum hörte sie zu weinen auf, wurde sie sehr fröhlich und sang aus vollem Halse«: Arien aus »Lohengrin«, aus der Operette »Der im Schnee verlorene Pantoffel« und aus »Don Carlos Tadrid«, einer Oper, die sie als junges Mädchen selbst verfaßt und komponiert hatte.

Natalia erinnerte sich kaum an ihre Geburtsstadt, bildete sich aber ein, sich ebenso wie ihre Mutter und ihre Schwester zurückzusehnen, und machte aus dieser vermeintlichen Sehnsucht heraus ihr erstes Gedicht, einen Zweizeiler:

Palermino, Palermino,
bist viel schöner als Torino.

»Dieses Gedicht wurde zu Hause als Zeichen einer frühen dichterischen Berufung begrüßt.« Allerdings war es im Hause Levi nichts

Ungewöhnliches, Gedichte zu erfinden und zu rezitieren, auch Natalias Bruder Mario machte gelegentlich Verse, und ihr Bruder Alberto hatte mit zehn oder elf ohne äußeren Anstoß, als »reine Frucht poetischer Invention« gedichtet:

Die alte Jungfer
ohne Busen vorn
hat so ein schönes
Kind geborn.

Den Sommer verbrachte die Familie Levi im Gebirge. Für drei Monate, von Juli bis September, wurde ein Haus gemietet, weit weg vom Dorf. Es gab keine Unterhaltung, keine Vergnügungen. »Habt ihr die Mutter dabei?« donnerte der Vater bei der Abreise. »Die Mutter« war ein Hefepilz, mit dem er den *mezorado* ansetzte, eine Art Yoghurt, den es damals noch nirgends zu kaufen gab. Giuseppe Levi war im Yoghurtessen wie auch in vielen anderen Dingen – er war der erste, der in Italien mit Zellkulturen in vitro experimentierte – ein Pionier. Oft brach er früh um vier, nachdem er sich mehrere Tassen *mezorado* einverleibt hatte, zu seinen Bergtouren auf, »manchmal allein, manchmal mit befreundeten Bergführern, manchmal mit meinen Brüdern, und am folgenden Tag war er aus Müdigkeit sehr mürrisch, eine Kleinigkeit genügte, daß er in fürchterlichen Zorn ausbrach«. Bergsteigen ist »das Vergnügen, das der Teufel seinen Kindern macht«, sagte Natalias Mutter zu ihren Kindern, während sie abends um den Tisch saßen und plauderten, Geschichten erzählten, Gedichte rezitierten und sangen, und wenn Giuseppe, der in einem weit entfernten Zimmer las, sie miteinander lachen hörte, sah er zwischendurch argwöhnisch herein und sagte: Nichts als »Simpeleien«, nichts als »Theater« habt ihr im Kopf! »Lidia! Lidia! donnerte er morgens, wir gehen marschieren!« Lidia folgte ihm ergeben: »mit ihrem Spazierstöckchen, die Strickjacke um die Hüften gebunden, ging sie ein paar Schritte hinter ihm und schüttelte ihre kurzen, lockigen grauen Haare.«

Natalia mit etwa sechs Jahren
im Garten

Auch Giuseppes Mutter, die Großmutter Emma, nun eine kleine alte Dame mit Knopfstiefelchen und krausem weißen Haar, kam gewöhnlich aus Florenz angereist, um mit der Familie zusammenzusein, wohnte aber in einem Hotel im Dorf. Die Enkelkinder besuchten sie dort, und ihr Sohn ging jeden Tag »ein wenig mit ihr marschieren«. Er eilte mit langen Schritten, die Pfeife im Mund, voraus; sie trippelte hinterher mit raschelndem Rock und kleinen Stöckelschritten. Sie war sehr eigensinnig, und wenn ihr etwas nicht paßte, blieb sie stehen und klopfte wütend mit ihrem Sonnenschirm aufs Pflaster.

Der einzige, der die Bergleidenschaft des Vaters teilte, war Gino, der Älteste. Er war sein Liebling, interessierte sich für Naturgeschichte, sammelte Insekten, Kristalle und andere Mineralien – mit ihm war der Vater in jeder Hinsicht zufrieden. Die anderen langweilten sich, außer Natalia. Sie war ja die Kleinste und vergnügte sich mit wenig: Eidechsen fangen, Eichhörnchen beobachten. Die Langeweile der Sommerferien kannte sie damals noch nicht. »Ihr langweilt euch, weil ihr kein Innenleben habt!« behauptete der Vater. Er wußte nichts von Natalias lebhafter Phantasie, in der »ein aufsässiges Volk winziger schwarzer Zwerge« herumwimmelte »wie ein Ameisenheer«. »Sie waren bald meine Untergebenen, bald meine Komplizen bei Regierungsverschwörungen, bald meine hinterlistigen Verfolger. Ich nannte sie ›die Wir‹. Sie ärgerten mich, sie brachten mich zum Weinen, Flüstern, Diskutieren, aber vor allem zum Lachen, wenn sie mich mit ihrem ohrenbetäubenden Geschrei bestürmten. Aus Gründen, die ich mir nicht erklären konnte, durfte ihre Existenz niemandem enthüllt werden.«

Wieder in Turin, kam Natalia, obwohl sie das entsprechende Alter hatte, nicht in die Grundschule, sondern wurde, wie schon ihre Geschwister, die ersten fünf Jahre zu Hause unterrichtet, weil ihr Vater Angst hatte, sie könne sich in der öffentlichen Schule Krankheiten holen. Seine Zuneigung zu seiner Jüngsten drückte sich weniger in Zärtlichkeit als vielmehr in wissenschaftlich fundierter Sorge aus: Das Penicillin war noch nicht entdeckt. Wie damals allgemein üblich, maß er der körperlichen Gesundheit weit größere Bedeutung bei als der Psychologie.

Er selbst »nahm jeden Morgen eine kalte Dusche und stieß unter dem peitschenden Wasserstrahl ein langgezogenes Gebrüll aus; dann kleidete er sich an, kippte den eisigen *mezorado* hinunter und verließ das Haus, in einem langen, weiten Regenmantel voller Taschen und Lederknöpfe, eine große Baskenmütze auf dem Kopf, die Hände hinter dem Rücken, die Pfeife zwischen den Zähnen, mit seinem krummen Schritt, eine Schulter höher als die andere. Die nebligen Straßen waren noch fast menschenleer, aber es gelang ihm, mit gesenktem Kopf, in Gedanken versunken, mit den wenigen Personen zusammenzustoßen, die vorüberkamen.«

»Auch meine Mutter duschte morgens kalt. Sie und mein Vater hatten borstige Handschuhe, mit denen sie sich nach der Dusche frottierten, damit ihnen warm wurde. ›Ich bin eiskalt!‹ sagte meine Mutter freudestrahlend, denn sie liebte kaltes Wasser sehr, ›ich bin immer noch eiskalt!‹ Dann machte sie, in ihren Bademantel gewickelt, die Kaffeetasse in der Hand, einen Rundgang durch den Garten. Sie sang und schüttelte die nassen Haare in der Morgenluft.«

Die Geschwister gingen um diese Zeit alle aufs Gymnasium, Gino schon aufs Polytechnikum, und im Haus war es still. Natalia mochte wie immer ihre Frühstücksmilch nicht: Milch trank sie nur, aus Schüchternheit, bei fremden Leuten; und da alle Überredungskünste nichts fruchteten, machte Natalina – die Hausangestellte, die die Mutter »Mein Ludwig der Elfte« nannte – ihr gewöhnlich ein Nudelsüppchen.

Dann versuchte Lidia, ihrer Jüngsten das Rechnen beizubringen. Sie holte zu diesem Zweck Steinchen aus dem Garten und reihte sie auf dem Tisch auf; manchmal nahm sie auch Bonbons, die sonst im Hause Levi verpönt waren. Aber es half alles nichts. Die Steinchen und Bonbons verleideten Natalia das Rechnen nur noch mehr.

Erdkunde dagegen lehrte die Mutter sie anhand der Länder, die Natalias Vater als junger Mann bereist hatte. »Er war in Indien gewesen, wo er sich die Cholera geholt hatte, und in Deutschland und Holland. Dann war er noch in Spitzbergen gewesen, wo er in den Schädeln von Walfischen nach den zerebrospinalen Ganglien gesucht, sie aber nicht gefunden, sondern sich nur mit Walfischblut beschmutzt hatte.« Zur Veranschaulichung zeigte die Mutter Natalia verwackelte Photographien. »Aber mein Vater erschien darauf nur als winziger Schatten im Hintergrund; und vom Walfisch sah man weder die Schnauze noch den Schwanz... nur einen grauen, nebelhaften Hügel.«

Das absurde Geheimnis der Erwachsenen
1922-1926

Wenn die Geschwister zurückkamen, wurde es im Haus wieder laut. Es gab erregte politische Diskussionen. »Die Dinge, die mein Vater schätzte und achtete, waren: der Sozialismus, England, die Romane von Zola, die Rockefeller Foundation und die Bergführer des Aostatals. Die Dinge, die meine Mutter liebte, waren: der Sozialismus, die Gedichte von Paul Verlaine, die Musik, und besonders ›Lohengrin‹.«

Doch auf der Straße sah man nun immer häufiger faschistische Schwarzhemden marschieren: 1922 hatte Mussolini die Macht übernommen. Der Vater kehrte oft aufgebracht von der Arbeit heim, weil er wieder neue Anhänger des Faschismus unter seinen Kollegen an der Fakultät entdeckt hatte.

»Levi machte nicht nur kein Geheimnis aus seiner Verachtung für das faschistische Regime, für Mussolini und diese Hampelmänner von Parteibonzen, sondern er genoß es, seine Ideen auch laut

Mussolini mit Anhängern, 1922

zu vertreten, wenn er in einem öffentlichen Verkehrsmittel einen Bekannten, Kollegen oder Assistenten traf, was häufig vorkam, da er nicht Auto fuhr«, schreibt seine damalige Schülerin, die spätere Nobelpreisträgerin Rita Levi Montalcini. »Diese schwiegen verlegen, wenn Levi, erfreut über die Begegnung, mit lauter Stimme sein Urteil über die letzten Narrenpossen verkündete, welche die dem Genie des Duce zujubelnden Zeitungen füllten, nickten schwach und suchten nach einem Vorwand, um an der nächsten Haltestelle auszusteigen.«

Kam Professor Levi dann nach Hause, rief er schon an der Tür ungeduldig: »Lidia, Lidia, wo bist du?«, und die Diskussionen bei Tisch endeten oft in wütendem Streit, Servietten flogen, Türen knallten. Sie waren zwar alle gegen den Faschismus, aber »wahrscheinlich verteidigte Mario aus Widerspruchsgeist gegen meine Eltern irgendwie Mussolini«. Vor den plötzlichen Wutausbrüchen des Vaters zitterte die ganze Familie, aber auch Mario und Alberto, beide schon groß und stark, gerieten oft heftig aneinander: plötzlich drang aus ihrem Zimmer ein Geräusch von umfallenden Stühlen und wildes Geschrei. »Beppino, komm, sie bringen sich um!« rief die Mutter dann voll Angst, während Gino seelenruhig sitzenblieb und weiter Zeitung las.

Natalia verstand die Gründe der lautstarken Auseinandersetzungen nicht, »das absurde Geheimnis der Erwachsenen« lastete über ihrer Kindheit, aber »eine der sehr wenigen politischen Ideen, ja vielleicht die einzige, die ich immer bewahrt habe, wurde mir eingepflanzt, als ich sieben Jahre alt war. Mir wurde erklärt, was Sozialismus ist, das heißt, mir wurde gesagt, daß er Gleichheit der Güter und Gleichheit der Rechte für alle ist. Etwas, so schien mir, was man unbedingt sofort machen mußte. Ich fand es seltsam, daß es noch nicht in die Tat umgesetzt worden war. Ich erinnere mich noch genau an die Uhrzeit und das Zimmer, in dem mir dieser Satz angeboten wurde, der mir einleuchtend und unabdingbar erschien.«

Seit sie lesen gelernt hatte, waren Bücher ihre Leidenschaft. Sie schrieb nun »ein Gedicht pro Tag« und manchmal auch Romane. Da ihre Geschwister, die davon wußten, in ihren Schubladen zu wühlen und sich über die Gedichte lustig zu machen pflegten, fing sie an, sie sehr geheim zu halten: sie schrieb sie in ein Heft, das sie mit zwei Sicherheitsnadeln an ihrem Unterrock feststeckte.

Mit acht Jahren verfaßte sie ein Theaterstück mit dem Titel »Dialogo« über ihre Eltern und Geschwister, die die in der Familie üblichen Redewendungen sagten. Gewissermaßen eine frühe Vorstudie zu ihrem »Lessico famigliare« (»Familienlexikon«). Das gab sie den Großen zu lesen, und alle fanden es sehr gut und amüsierten sich köstlich.

Die »Wir« begannen sie allmählich zu langweilen, daher erschuf sie sich an ihrer Stelle einen einzigen Spielgefährten: den bildschönen, blondgelockten »Fürst Sergio«. »Ich gab ihm auch eine Schwester, drei Brüder, einige Bären und einen ziemlich scharfen Schäferhund. Ich gab ihm einige prächtige Wohnungen, in denen er sich versteckte. Er war sehr reich, aber er war ein Flüchtling, während der Revolution mit Staatsgeheimnissen aus Rußland geflohen. Ich liebte an ihm das fürstliche unstete Leben. Er zog dauernd um. Ich rief ihn oft an, indem ich so tat, als hielte ich einen Telefonhörer in der Hand, sowie ich allein war: ›Hallo‹, sagte ich, ›ist Fürst Sergio da?‹ Ich hatte eine Liebesgeschichte mit ihm, die viele Jahre dauerte.« Bei dieser imaginären Beziehung stand ihr nicht, wie sonst, ihre Schüchternheit im Weg. Zwar war sie ganz versessen auf die Gesellschaft Gleichaltriger, doch fehlte ihr die Gewohnheit der alltäglichen Auseinandersetzung mit ihnen. Verwöhnt durch das häufige Alleinsein, das sie doch auch haßte, und durch die Rolle der Jüngsten, der man viel durchgehen ließ, verhielt sie sich, wenn sie gelegentlich mit anderen Kindern spielte, scheu und ängstlich oder dickköpfig und überheblich, jedenfalls »unfähig, den Willen der anderen zu ertragen«.

»Meine Gebieterin« nannte ihre Mutter sie, wenn Freundinnen sich mit ihr für den Nachmittag verabreden wollten: »Ich muß erst meine Gebieterin fragen, ob sie heute ins Kino gehen möchte.« Aber manchmal hatte Natalia keine Zeit, weil sie lernen mußte. Sie wurde inzwischen von Hauslehrerinnen unterrichtet, die öfter wechselten, da die Mutter immer hoffte, eine zu finden, die ihre verträumte Tochter aufwecken würde.

Am Jahresende begleitete die Lehrerin sie in eine öffentliche Schule am Stadtrand, um die Prüfungen abzulegen. Sie fuhren bis zur Endhaltestelle der Straßenbahn und gingen noch ein Stück zu Fuß zwischen Gemüsegärten und Kirschbäumen. »Ich wurde mit großem Jubel von einigen Lehrerinnen empfangen. Kinder scharten sich um mich, neugierig und schüchtern; sie hatten geschorene Köpfe, blaue Schleifen und weiße Kittel; sie sprachen Piemontesisch, eine Sprache, die ich kaum verstand, die ich liebte und um die ich sie beneidete, da sie mir die erhabene und selige Sprache der Armen zu sein schien, jener, die in die Schule und in die Kirche gehen durften, jener, die das unermeßliche Glück hatten, all das zu sein, was ich nicht war. Ich fühlte in mir wie einen Pilz die stolze und demütigende Überzeugung wachsen, daß ich anders war und deshalb allein...«

Schulbesuch und Kirchgang empfand Natalia als ein Vorrecht, von dem sie ausgeschlossen war – ein Vorrecht der anderen, der Armen vielleicht, jedenfalls derjenigen, die »wie alle« waren. Ihre Familie dagegen kam ihr vor »wie niemand«. Sie ging weder in die Kirche noch in den Tempel, wie manche Verwandte des Vaters. Auf Natalias verzweifelte Frage: »Was sind wir?« erklärten die Geschwister ihr: »Wir sind nichts! Wir sind gemischt, halb Juden und halb katholisch, also nichts.« Diese Nichtzugehörigkeit belastete Natalia. Wenigstens eine Religion hätte sie gerne gewollt.

Auch ob sie nun wirklich zu den »Reichen« oder doch zu den »Armen« gehörten, war Natalia unklar, da sie die Eltern immer wieder sagen hörte, es sei kein Geld da, und um sich herum keine Anzeichen von Reichtum feststellen konnte, weder »Samt- und Brokatvorhänge« noch besonders gutes Essen.

Abends gab es gewöhnlich eine vom Dienstmädchen Natalina zubereitete Liebigsuppe, die vor allem die Mutter gern mochte, und ein Omelett. Gino, Natalias ältester Bruder, brachte, anders als Mario und Alberto, oft Freunde mit, und der Vater lud sie stets ein, zum Essen zu bleiben, auch wenn es dann manchmal kaum für alle reichte. »Macht keine Sudeleien, macht kein Geschmier!« brüllte er, wenn jemand den Suppenrest mit Brot auftunkte. Die Familienmitglieder erstarrten, denn wider besseres Wissen hofften sie, wenn Gäste da wären, würde Giuseppe sich zurückhalten.

Einer dieser Freunde war der Industriellensohn Adriano Olivetti. Natalia erinnerte sich noch genau an das erste Mal, als er, in

Natalia mit etwa acht Jahren

Uniform, weil er gerade ebenso wie Gino seinen Militärdienst machte, zu Besuch kam. »Er hatte einen ungepflegten, krausen, rötlichen Bart, lange rotblonde Haare, die sich im Nacken ringelten, und war dick und blaß – ich habe nie jemanden gesehen, der in feldgrauem Tuch mit Pistole am Gürtel ungelenker und weniger martialisch aussah. Er war melancholisch, schüchtern und schweigsam, doch wenn er sprach, redete er lange und sehr leise und sagte wirre, dunkle Dinge.« Giuseppe Levi, der von Gino erfahren hatte, daß Adriano auch zum Bergsteigen ging, Antifaschist und Sohn eines ebenfalls mit Turati befreundeten Sozialisten war, schätzte ihn und bewies mehr Menschenkenntnis, als die Familie ihm je zugetraut hätte: er sah in dem linkischen Jungen schon die Qualitäten des Mannes, der Adriano später werden sollte.

Alberto traf seine Freunde lieber außer Haus. »Mama, könntest du mir bitte zwei Lire geben?« fragte er. »Ich gehe kurz zu meinem Freund Pajetta!«, oder: »Ich gehe einen Augenblick zu meinem Freund Pestelli!« Er war immer heiter, spielte leidenschaftlich gern Fußball, interessierte sich für Mädchen, und auch die donnernden Zornesausbrüche des Vaters konnten seiner guten Laune nichts anhaben. Da die »zwei Lire«, um die er Lidia mehrmals täglich bat, nicht reichten, verkaufte er ab und zu heimlich ein paar Bücher. Natalia beobachtete, wie sich die Regale allmählich leerten, und trauerte den schönen Romanen nach, die von einem Tag zum anderen verschwanden. Aber sie mußte ohnmächtig zusehen und konnte sich nicht einmal bei ihrer Mutter beklagen, weil es sich um Romane handelte, die sie heimlich las. Manchmal versetzte er auch eine silberne Kaffekanne. »Hör nur, was Alberto wieder gemacht hat!« empörte sich Lidia ihrer Tochter Paola gegenüber, nahm ihn aber vor dem Vater immer in Schutz und suchte in seinen Schubladen nach dem Pfandschein, um ihre Kaffekanne wieder auszulösen.

Als dann Giancarlo Pajetta, noch in kurzen Hosen, verhaftet wurde und ins Gefängnis kam – in eine Besserungsanstalt für Minderjährige –, weil er im Gymnasium antifaschistische Schriften verbreitete, und auch Alberto als einer seiner engsten Freunde von der Polizei vernommen wurde, sagte die Mutter erfreut zum Vater: »Siehst du, Beppino, Alberto wählt sich seine Freunde gut aus. Sie sind immer tüchtiger und ernsthafter als er.« Der Vater zuckte die Achseln, verzichtete aber einige Tage darauf, seinen Sohn Schuft zu nennen.

Die beiden anderen Geschwister, Paola und Mario, verstanden sich zu jener Zeit sehr gut. Sie schwelgten in Melancholie, saßen oft stundenlang mit der Mutter und Tullio Terni, einem Kollegen des Vaters, im Salon auf dem Sofa und unterhielten sich über Proust. Sie liebten Malerei und Poesie und zeigten eine große Empfindlichkeit gegen den Despotismus des Vaters und die einfachen und strengen Lebensgewohnheiten, die in der Familie herrschten. Mario wollte gern Jura studieren, aber der Vater zwang ihn, sich in Wirtschaftswissenschaften einzuschreiben. Das trug Mario ihm jahrelang nach. Auch Paola war unzufrieden mit dem Leben, das sie führte. Sie, die Schönheit in der Familie, hätte gern kurzgeschnittene Haare und Stöckelschuhe getragen, auf den Festen ihrer Freundinnen getanzt und Tennis gespielt. Statt dessen mußte sie zu ihrem Verdruß am Wochenende mit ihrem Vater und Gino in die Berge. Allerdings fuhr sie ausgezeichnet Ski, und wenn sie sich mit dem Schwung einer Löwin die Abhänge hinunterstürzte, sah es aus, als ob ihr das Skifahren doch großen Spaß machte.

Paola und Mario gingen auch oft zusammen mit der Mutter ins Theater. Tullio Terni lud sie in seine Loge ein, und so konnte der Vater sich nicht darüber beschweren. Wenn er anklagend zu Lidia sagte: »Immer läßt du mich allein, immer gehst du dich amüsieren«, erwiderte sie: »Aber du schließt dich ja abends immer in dein Studierzimmer ein. Du leistest mir nie Gesellschaft.« Und er: »Was für eine Eselin! Ich habe dich ja nicht geheiratet, um dir Gesellschaft zu leisten.«

Einmal nahm die Mutter Natalia in die Oper mit. Es gab »Madame Butterfly«. Natalia hatte eine Kinderzeitschrift, den ›Corriere dei Piccoli‹, dabei und las die ganze Zeit: »Ich mühte mich, im schwachen Lichts des Proszeniums die Buchstaben zu entziffern, und hielt mir die Ohren zu, um den Lärm nicht zu hören.«

DIE WIRTSCHAFTLICHE LAGE der Familie hatte sich allmählich gebessert. Giuseppe Levi kaufte eine Wohnung im obersten Stockwerk eines Hauses in der Via Pallamaglio – heute Via Morgaro –, und die Familie zog um. Lidia gefiel die neue Wohnung überhaupt nicht, und sie trauerte der Via Pastrengo nach: »Dort hatten wir wenigstens einen Garten!« Natalia nahm die Veränderung gelassen, obwohl auch sie den Garten sehr gemocht hatte. Es war nun weniger von Geld die Rede, Paola und die Mutter ließen sich öfter neue Kleider machen, und endlich wurde auch ein Telefon angeschafft. Die Immobilienaktien, in die Giuseppe Levi investiert hatte, fielen allerdings immer noch, und die Gespräche darüber weckten in der

Kleinsten widersprüchliche Wünsche: »Ich hoffte, wir würden mit einem Schlag sehr reich werden, und noch mehr nährte ich die mit Entsetzen gemischte Hoffnung, daß sich das bewahrheiten würde, was mein Vater vorherzusagen pflegte, nämlich daß wir ›im Ruin‹ enden würden, und ich sah uns alle eines Morgens auf den Trümmern unseres Hauses sitzen, das nachts wegen des großen Elends eingestürzt war, von Brennesseln überwuchert und in eine Staubwolke getaucht.«

Die Söhne waren inzwischen alle ausgezogen: Gino hatte nach dem Abschluß des Polytechnikums nach langer Überlegung, ob er nach Argentinien gehen und in die Firma eines Freundes seiner Eltern eintreten solle, das Angebot des »alten Olivetti« angenommen, in seiner Schreibmaschinenfabrik in Ivrea zu arbeiten. Dort lernte er ein Mädchen namens Piera kennen und wollte heiraten. Der Vater bekam einen schrecklichen Wutanfall, als er es erfuhr. Er schickte Gino eine Weile nach Deutschland, wo er das Mädchen vergessen und Deutsch lernen sollte, aber vergeblich: Gino heiratete gleich nach seiner Rückkehr, 1926, und wohnte nun mit seiner Frau in Ivrea. »Jedesmal verbot mein Vater uns das Heiraten, ohne etwas zu erreichen, denn wir heirateten trotzdem alle.«

Mario fand eine Stelle in Genua und kam nur samstags heim.

Alberto wurde ins Internat geschickt; der Vater wollte das als strenge Strafe verstanden wissen, doch die Mutter sagte: »Du wirst sehen, wie gut es dir dort geht!« Und dem fröhlichen, kontaktfreudigen schlaksigen blonden Alberto gefiel es im Internat ausgezeichnet.

IM SPÄTHERBST bekam Natalia eine Mittelohrentzündung. In den ersten Tagen ihrer Krankheit behandelte sie ihr Vater. »Er wurde zu seinen Freunden und Kindern, wenn sie krank waren, sehr sanft und freundlich, doch kaum waren sie wieder gesund, fing er wieder an, sie anzuschreien.« Aber Natalias Zustand besserte sich nicht. Sie war den ganzen Winter krank. Die Entzündung griff auf die Schleimhäute am Schläfenbein über, und schließlich mußte Natalia ins Krankenhaus. Um ihr die Angst zu nehmen, erzählte ihr die Mutter, das Krankenhaus sei das Haus des Doktors und die anderen Kranken in den Zimmern seine Verwandten. »Aus

Gehorsam glaubte ich ihr, und doch wußte ich gleichzeitig, daß es sich um ein Krankenhaus handelte; und dieses Mal wie auch später vermischten sich Wahrheit und Lüge in mir.«

Längst genesen und wieder zu Hause, hörte Natalia eines Nachts, wie im Nebenzimmer jemand hustete. Gewöhnlich schlief dort Mario, wenn er samstags kam, aber es war nicht Samstag, also konnte er es nicht sein. Es war Filippo Turati, der alte Freund der Eltern, Vorsitzender der Sozialistischen Partei Italiens und Antifaschist der ersten Stunde, der von den Faschisten verfolgt wurde und auf der Flucht nach Frankreich war. Er lebte 1927 einige Tage bei den Levis versteckt. Natalia erkannte ihn, da er ihre Eltern schon einmal besucht und sie tief beeindruckt hatte: »groß wie ein Bär, alt, mit grauem, rund geschnittenem Bart«. Die Mutter sagte jedoch zu ihr: »Das ist Herr Paolo Ferrari, er ist müde, alt und krank, und man darf ihm keine Fragen stellen.« Auch solle Natalia mit niemandem über seine Anwesenheit sprechen. »Daher glaubte ich, aus Gehorsam, er sei zugleich Turati und Ferrari; und erneut mischten sich Wahrheit und Lüge in mir.«

Die Eltern waren glücklich über diesen Besuch, und sogar der Vater sprach in dieser Zeit immer leise. Wenn es klingelte, huschte der »große Bärenschatten« über die Wand des Flurs: Turati-Ferrari eilte hastig in sein Zimmer. Nach ein paar Tagen kamen einige Männer in Regenmänteln und holten ihn ab. Natalia kannte von ihnen nur Adriano Olivetti: »Er hatte an jenem Abend erschrockene, entschlossene und fröhliche Augen; zwei oder drei Mal im Leben habe ich diese Augen an ihm gesehen. Es waren die Augen, die er hatte, wenn er jemandem bei der Flucht half, wenn es eine Gefahr gab und jemand in Sicherheit zu bringen war.«

In den folgenden Monaten wurden Carlo Rosselli und Ferruccio Parri, zwei weitere Fluchthelfer, verhaftet und vom *Tribunale Speciale,* dem 1926 eingerichteten faschistischen Sondergericht für politische Vergehen, verurteilt und auf die Insel Lipari verbannt. Es gelang ihnen, von dort nach Paris zu fliehen, wo Rosselli 1929 die antifaschistische Widerstandsbewegung *Giustizia e libertà* gründete.

Adriano tauchte für mehrere Monate bei den Levis unter. Die ganze Familie lebte eine Weile in Angst, aber niemand wurde verhaftet.

Adriano schlief in Marios Zimmer, wo auch Paolo Ferrari geschlafen hatte. Er war schon seit der Zeit seines Militärdiensts in Natalias Schwester Paola verliebt; diese aber interessierte sich damals nur für einen Studienkollegen, einen glühenden Proust-Verehrer, mit dem sie lange Spaziergänge machte, sehr zum Unwillen des Vaters: »Vor allem, weil seine Töchter nicht mit Männern spazierengehen durften; und außerdem weil für ihn ein Literat, ein Kritiker, ein Schriftsteller etwas Verächtliches, Frivoles und auch Zweideutiges darstellte: es war eine Welt, die ihm zuwider war.« Auch die Mutter war von dem jungen Mann nicht begeistert gewesen, vielleicht war ein wenig Eifersucht im Spiel, da sie selbst vorher oft mit Paola in der Stadt spazierengegangen war und ein sehr freundschaftliches Verhältnis mit ihr pflegte und die Tochter plötzlich kaum noch Zeit für sie hatte. Doch diese Geschichte war jetzt vorbei. Paola und Adriano verlobten sich, schrieben einander lange Briefe, als Adriano einige Zeit ins Ausland ging, und heirateten im Mai 1927. »Der alte Olivetti kam zu meinen Eltern, um für seinen Sohn um die Hand meiner Schwester anzuhalten. Er kam mit dem Motorrad aus Ivrea, mit vielen Zeitungen auf der Brust, gegen den Wind. Und dann blieb er noch eine ganze Weile im Sessel in unserem Salon sitzen und erzählte von sich: wie er mit wenig Geld die Fabrik aufgebaut hatte, und wie er alle seine Kinder erzogen hatte, und wie er jeden Abend vor dem Einschlafen in der Bibel las.« Hinterher tobte der Vater. »Er ist zu reich!« schrie er die Mutter an, »und zu sehr auf Psychoanalyse fixiert!« Die Olivettis gefielen ihm zwar, »aber er fand sie etwas extravagant. Und die Olivettis sagten über uns, wir seien zu materialistisch, vor allem mein Vater und Gino«.

Schwester Paola

Hast du was Warmes runtergekippt?
1927-1932

Natalia war nun elf Jahre alt geworden und kam aufs Gymnasium. Paola, die große Schwester, die seit ihrer Heirat in Ivrea wohnte, plädierte dafür, sie allein hin- und wieder heimgehen zu lassen, da die Schule in der Nähe lag und Natalia, das Nesthäkchen, von der Mutter verwöhnt, als sehr unselbständig und »eine Plage« galt. »Ich war aus verschiedenen Gründen ›eine Plage‹. Ich konnte mich weder allein anziehen noch mir die Schuhe zubinden; ich konnte weder mein Bett machen noch das Gas anzünden; ich konnte nicht stricken; darüber hinaus war ich sehr unordentlich und ließ meine Sachen überall herumliegen.« – »Als hättest du zwanzig Bedienstete«, tadelte die Mutter sie, aber umsonst: das einzige, was Natalia nie herumliegen ließ, war das Heft, in das sie ihre Gedichte schrieb und das sie immer bei sich trug.

»Wehe, wenn du sie allein zur Schule schickst«, drohte der Vater der Mutter. »Aber nein, Beppino«, erwiderte sie, »das Dienstmädchen wird sie begleiten.« Natalia stand »mit breitem falschen Lächeln« dabei und zitterte; sie merkte, daß ihre Mutter nicht die Wahrheit sagte. »Ich wußte, daß meinem Vater ab und zu Lügen aufgetischt wurden, sie dienten dazu, uns allen ein wenig Luft zu verschaffen, uns vor seinen vielfältigen Befehlen und Verboten zu schützen. Ich hatte jedoch bemerkt, daß die Lügen meiner Geschwister eine gewisse Aussicht auf Dauer hatten, aber die Lügen meiner Mutter krankten von vornherein an innerer Zerbrechlichkeit und verlöschten im Zeitraum eines Tages. Was mich betraf, so log ich meinen Vater einfach deshalb nicht an, weil ich überhaupt nie den Mut hatte, das Wort an ihn zu richten.«

Mit ihrem Eintritt ins Liceo Alfieri änderte sich Natalias Leben von Grund auf. Vorbei war die Zeit der langen kochendheißen Bäder und des Romanelesens auf dem Fußboden am Morgen.

Wenn sie aufstand, sah sie jetzt als erstes aus dem Fenster auf die Uhr gegenüber, wusch sich dann flüchtig in der Porzellanschüssel in ihrem Zimmer, trank einen Schluck Milchkaffee, zog ihren zu kurzen grünschwarz karierten Mantel über den schwarzen Alpakakittel – während doch alle anderen Mädchen Kittel aus Satin trugen! – und griff nach dem Schulranzen. »Hast du was Warmes runtergekippt?« rief die Mutter vom Bett aus. Natalia strafte sie, indem sie nicht antwortete und ging, ohne sie zu küssen.

Die anderen Kinder in der Schule kümmerten sich kaum um sie, und sie saß als einzige allein in der Bank. Nur der Lehrer hatte ihr bisher zugelächelt. Sie schämte sich wegen ihrer gerippten Strümpfe aus brauner Baumwolle, ihrer hohen Schnürschuhe; und während sie mit einem Füllfederhalter schrieb, an dem man sich die Finger fleckig machte, zählte sie sich innerlich die ihr unsichtbar anhaftenden Mängel ihres Zuhauses auf: keine Blumen auf dem Balkon, zerrissene Tapeten an den Wänden... Sie fühlte sich ausgeschlossen und »anders«, lernte »wenig und schlecht«, wäre gern, um wie alle zu sein, katholisch gewesen und wünschte sich sogar, den *Piccole italiane* – der faschistischen Jugendorganisation *Kleine Italienerinnen* – anzugehören, denn zum nachmittäglichen

Aufmarsch der faschistischen Jugendorganisationen: die Kleinen Italienerinnen *und* Balilla

Gymnastikunterricht, den sie haßte, kamen alle »in Uniform«, in schwarzem Faltenrock und weißer Bluse, und auf ihrer Bluse fehlte das faschistische Abzeichen. »Mein Leben lang hatte ich gehofft, gegen den Faschismus zu kämpfen, mit einer roten Fahne durch die Stadt zu laufen, blutüberströmt auf den Barrikaden zu singen; das Seltsame war für mich, daß ich auch jetzt nicht von jenen Träumen abließ; aber die Idee, ohne das Abzeichen vor jener Lehrerin mit dem griesgrämigen Gesicht unter dem großen Hut dort in der Turnhalle zu stehen, kam mir vor wie eine traurige Demütigung.«

Sie träumte auch davon, von zarter Gesundheit und häufig krank zu sein. »Aber das Fieber dauerte bei mir nur einen Tag; am nächsten Tag hatte ich nichts mehr. Ich mußte wieder zur Schule, und die alte Qual begann von neuem: die neblige Straße, die Klasse, die Angst, die rot und blau angestrichenen Hausaufgaben, das Pult, der Lehrer mit dem Ziegenbart. Ich träumte von einer Lungenentzündung. Und ich sagte mir, wie tief ich gefallen war, wie übel mein Leben zugerichtet war: wenn alles, was ich mir wünschen konnte, die Verschnaufpause einer Krankheit war.«

Eines Tages hatte sie auf ihrem einsamen Schulweg ein traumatisches Erlebnis. Ein Unbekannter mit »weißem Schnauzbart«, den sie anfangs für einen Kollegen ihres Vaters hielt, sprach sie an, und maßloser Schrecken überkam sie. Sie wagte nicht, sich ihrer Mutter anzuvertrauen, die ihr jeden Tag einschärfte, unterwegs mit niemandem zu sprechen. Aus Stolz, Einsamkeit und trotziger »Verachtung« für die Mutter erschien es ihr unmöglich, ihr einen Fehler zu gestehen oder sie um Hilfe zu bitten. So wurde der »weiße Schnauzbart« zum Symbol für alles Unbekannte und Grauenerregende, das in dem neuen Lebensabschnitt auf sie zukam. »Die glücklichen Orte der Kindheit waren überflutet und entstellt worden.«

Ihre einzige Freude in den ersten Jahren im Gymnasium war das Aufsatzschreiben. Sie wurde mehrmals aufgerufen, um ihre Aufsätze laut vorzulesen. Sonst versank sie immer mehr in Melancholie, zweifelte an sich und der Welt, war zu Hause hochmütig und in der Schule lustlos und ängstlich verschlossen, »wie ein geprügelter Hund«. Sie lernte in einer Stunde für die nächste, und nachmittags in ihrem Zimmer breitete sie zwar die Schulbücher

Turin, Ende der 20er Jahre

aus, schrieb aber heimlich Gedichte und Romane. Oder sie stöberte in den Regalen nach ihr verbotenen »unanständigen« Büchern. »Die Regale waren voll, aber die allermeisten waren die Bücher meines Vaters, das heißt, Histologie-, Biologie- und Medizinbücher. Ich fühlte mich wie im Exil in jenem Haus, so arm an Gedichten und Romanen.« Kam die Mutter herein, hob Natalia kaum die Augen von der Lektüre, rief ihr aber unfehlbar nach: »Mama, die Tür!«

Zwar plagten sie immer Schuldgefühle, wenn sie schrieb, anstatt zu lernen. Doch wenn sie nicht schrieb, empfand sie ebenfalls Schuldgefühle und sagte sich: Ich muß schreiben.

»Was für ein jüdisches Pathos bei der Kleinen zum Vorschein gekommen ist«, sagte die Mutter eines Tages zu einem ihrer Söhne. Natalia hörte es und war irritiert, aber auch erleichtert. »In den Worten ›jüdisches Pathos‹ erkannte ich sogleich meine Traurigkeit. Und wenn meine Mutter ganz ruhig mit lauter Stimme davon sprach, bedeutete das vielleicht, daß es sich nicht um eine seltsame

Krankheit handelte, die meinen Geist befallen hatte, sondern um eine eher leichte, verbreitete und gewöhnliche Sache.«

Mit etwa zwölf Jahren beschloß sie, sie wolle Jüdin sein, und aß keinen Schinken mehr, wie sie es bei der Großmutter gesehen hatte. Aber nach einigen Wochen gab sie die Sache wieder auf.

Nach und nach hatte sie sich nun doch mit mehreren Klassenkameradinnen angefreundet, spuckte fröhlich mit der anfangs so unerreichbar scheinenden Klassenbesten Pflaumenkerne vom Balkon, zeigte einer anderen, die einen Bubikopf trug, ihre Gedichte und nahm eines Tages eine Schere und schnitt sich vor dem Spiegel die Haare ab. Die Mutter war entsetzt. Mit der Ausrede, die Kleine habe Ohrenschmerzen, wickelte sie ihr ein Tuch um den Kopf, damit der Vater nichts merkte, und brachte sie umgehend zum Friseur. Doch als er Natalia am Abend sah, wurde er trotzdem wütend. Er haßte kurze Haare, gleich, ob sie gut oder schlecht geschnitten waren.

Ihre Schwärmerei für Lucio, einen Spielgefährten aus Kindertagen, der auch in ihre Klasse ging, »war gestorben«. Wenn sie sich jetzt »den Richtigen« vorstellte, der vielleicht schon an der nächsten Straßenecke auf sie wartete, dachte sie an »eine hohe Gestalt in echten Männerkleidern, mit Schlips und Jackett, blaß, gleichgültig und ironisch, breite Schultern, viele schweigend gerauchte Zigaretten, ein spöttischer, geheimnisvoller Kopf«.

Mit dreizehn bekam sie das Erstlingswerk des jungen Moravia, »Die Gleichgültigen«, in die Finger und verschlang es gierig – natürlich heimlich. »Mir war, als regte sich in der Welt, die ich um mich hatte, einer Welt, die mir tot und einbalsamiert vorkam, ein plötzliches Leben. Die Welt, die ich um mich hatte, war das faschistische Italien, wo das Wahre verhüllt und fern erschien, ungreifbar wie ein Gespenst, und es zu suchen und zu berühren, schien ein verzweifeltes Unterfangen. Ich las ›Die Gleichgültigen‹ wieder und wieder, in der gezielten Absicht, schreiben zu lernen. Was ich lernen wollte, war die Fähigkeit, mich in einer versteinerten Welt zu bewegen, und Moravia schien mir der erste Mensch zu sein, der aufgestanden und direkt auf das Wahre zugegangen war.«

Am meisten aber verehrte sie Tschechow. Sie bewunderte seine »außergewöhnliche Art, sich in eine Geschichte hineinzubegeben, eine unvermittelte und leichte Art, blitzschnell und gebieterisch, wie einer, der plötzlich ein Fenster oder eine Tür aufreißt: um so dem Leser die Züge einer menschlichen Gestalt oder einer Gruppe menschlicher Gestalten zu zeigen, den Klang ihrer Stimme hörbar zu machen, ihre verschiedenen Haltungen erahnen zu lassen, Kriechertum oder steife Würde, Geduld oder Anmaßung, und dann jene Tür oder jenes Fenster ebenso plötzlich vor dem versunkenen, amüsierten und verblüfften Leser wieder zu schließen. Man sah Herren und Knechte, wie schwer sie trugen an Übergriffen und Elend, und in den komischen Entwurf schlich sich ein leiser kalter Schauder.«

Sie hatte auf einmal keine Lust mehr, Gedichte zu schreiben. Je nach Lektüre gerieten sie ihr in der melancholischen Manier von Giovanni Pascoli, Guido Gozzano oder Sergio Corazzini, und zuletzt, als sie D'Annunzio entdeckte, auch sehr in seine Richtung. Sie hielt sie zwar für »fast perfekt«, aber ihr schien, als hätte sie alle möglichen Themen, alle vorhandenen Reime ausgeschöpft. Und ihre Geschwister lachten nur, wenn sie ihnen ausnahmsweise eins ihrer Gedichte zeigte, und rieten ihr, lieber mehr für die Schule zu lernen. Sie dagegen las in der »Estetica come scienza dell'espressione e linguistica generale« (»Ästhetik als Wissenschaft vom Ausdruck und allgemeine Sprachwissenschaft«) von Benedetto Croce, denn sie hatte gehört, er sei der bedeutendste Denker und Gelehrte in Italien, und wollte gern ein fachmännisches Urteil. So steckte sie eines Tages, ohne irgend jemandem etwas davon zu sagen, eine Auswahl in einen Umschlag und schrieb darauf: Benedetto Croce, Neapel. Der Brief kam tatsächlich an. Einige Zeit später sagte die Mutter mittags, als sie aus der Schule heimkam, zu ihr: »Was ist dir bloß eingefallen, an Benedetto Croce zu schreiben!« Da sie Natalias Post zu öffnen pflegte, hatte sie die freundliche, aber bestimmte Antwort des Philosophen gelesen: Natalia sei noch zu jung, für wahre Dichtung müsse man erwachsen sein...

Was sie jetzt schreiben wollte, waren Erzählungen, Geschichten. In einen Notizblock, den sie immer bei sich trug, schrieb sie Beobachtungen, Bilder, schöne Ausdrücke, die sie verwenden wollte.

Mit etwa 15 Jahren

Ständig schwirrten ihr Fetzen von Geschichten im Kopf herum, aber meistens kam sie über die ersten drei, vier Zeilen nicht hinaus.

In der Schule ging es weiter bergab, und in der Oberstufe fiel sie am Schuljahrsende in Latein, Griechisch und Mathematik durch. Sie fühlte sich gedemütigt und weinte sehr, als sie es erfuhr, obwohl zu Hause niemand ein Aufhebens davon machte, da der Vater es nicht schlimm fand, wenn seine Töchter, die ja sowieso heiraten würden, keinen großen Lerneifer zeigten.

Einige Tage nach der »Katastrophe« saß sie noch spät in ihrem Zimmer am Schreibtisch, die Fenster standen offen, und Nachtfalter schwirrten um die Lampe. Es war sehr heiß. Sie schrieb und schrieb, auf kariertes Papier, wie automatisch: »Eine kurze Erzählung von fünf oder sechs Seiten. Sie ist wie durch ein Wunder aus mir herausgekommen, an einem Abend, und als ich dann schlafen ging, war ich müde, erstaunt und wie betäubt.« Ihre erste »ernsthafte« Sache, mit den Kindereien von vorher war es nun endgültig vorbei. »Ich habe eine Erzählung ›für Erwachsene‹ geschrieben«, dachte sie, glücklich wie noch nie, »vielleicht bin ich ›ein Wunderkind‹.« Allerdings behielt sie diese Erkenntnis für sich. Doch jetzt, nach »Un'assenza« (»Eine Abwesenheit«), fand sie den schulischen Mißerfolg weniger beschämend. »Mir war, als hätte ich Millionen von Erzählungen schreiben können.«

Sie war gerade siebzehn geworden. Einer ihrer Brüder sagte: »Gib mir deine Erzählung, ich zeige sie Benedetto Croce, der drüben im Salon sitzt.« Natalia gab sie ihm. Sie wußte, daß er es ironisch gemeint hatte, und wartete eine Weile. Als sie schließlich hinüberging, um das Urteil zu hören, saß dort natürlich nicht der Philosoph, sondern ein Freund des Bruders, »ein spöttischer, geheimnisvoller Kopf«: Leone Ginzburg.

Die richtige Person
1933-1935

Deine Erzählung gefällt mir«, sagte »der Russe«, von dem sie nur wußte, daß er eng mit Mario befreundet war, »ich werde sie an die ›Solaria‹ schicken.« Der sieben Jahre ältere Leone begann, Natalia öfter zu besuchen, und ganze Nachmittage lang durchstreiften sie zusammen die Industrie- und Arbeiterviertel am Stadtrand. Als mit der Bemerkung, die Autorin sei noch so jung und man wisse ja nicht, ob sie weiter schreiben werde, die Ablehnung der Literaturzeitschrift kam, schickte er eine neue Erzählung von Natalia ein, »I bambini« (»Die Kinder«), und diese wurde veröffentlicht.

Wochen- und monatelang verbringen die beiden die Tage miteinander, obwohl Natalia es zuerst nicht wahrhaben will, daß sie die »richtige Person« getroffen hat. »Die Erde, der Himmel haben sich nicht gewandelt. Es brennt nicht um uns herum.« Aber nach und nach muß sie die Besonderheit und Tiefe der Begegnung anerkennen: »Wir werden uns bewußt, daß wir mit keinem menschlichen Wesen je zuvor eine solche Beziehung hatten; alle Menschen erschienen uns nach einer Weile so harmlos, so einfach und klein; diese Person besitzt, während sie mit ihrem strengen Profil neben uns hergeht und ihr Schritt ganz anders ist als unserer, eine grenzenlose Fähigkeit, uns alles Gute und alles Böse anzutun. Und doch sind wir unendlich ruhig.«

LEONE GINZBURG, in dessen Gegenwart sich Natalias Stirn, die so viele Jahre lang »gerunzelt und finster« gewesen war, plötzlich glättete, war am 9. April 1909 in Odessa geboren worden. Seine Familie war jüdischer Herkunft. Von klein auf verbrachte er mit Mutter, Bruder und Schwester den Sommer in Viareggio. 1914, bei Ausbruch des Ersten Weltkriegs, ließ Vera Ginzburg, als sie in die

Leone Ginzburg

Ukraine zurückkehren mußte, ihren Jüngsten angesichts der Gefährlichkeit der Reise in Italien bei Maria Segre, der Gouvernante, die wie eine zweite Mutter für ihn sorgte. Leone ging in Viareggio auf die Grundschule und sprach bald Italienisch so gut wie Russisch. Ende 1919 verließen die Ginzburgs Rußland und zogen nach Turin, wo Leone auf das Gymnasium Gioberti kam. Im März 1921 ging die Familie nach Berlin. Der Vater, Teodoro Ginzburg, arbeitete dort, und Leone besuchte in Berlin zwei Jahre lang die russische Schule. Die Sommermonate verbrachte er nach wie vor bei »Tante Maria« in Viareggio. Im Herbst 1923 übersiedelte die Familie, ohne den Vater, endgültig nach Turin. Leone ging auf das legendäre Liceo Massimo d'Azeglio, wo er unter anderem Natalias Brüder, Cesare Pavese, Giulio Einaudi, Norberto Bobbio und Vittorio Foa kennenlernte. »Dieses Lyzeum« – so Foa – »war eine gute Schule für die zukünftige herrschende Klasse des Bürgertums. Der Unterricht war nicht gegen den Faschismus, er ging über den Faschismus hinaus. Der berühmteste Lehrer, Augusto Monti, war überzeugter Antifaschist und wurde später, 1936, vom *Tribunale speciale* verurteilt. Er sprach im Unterricht nie das Wort Freiheit aus, aber er las Dante, Boccaccio und Ariost auf eine Weise vor, die zeigte, daß Kunst ein Wert ist, der nicht vom aktuellen ökonomischen oder politischen Geschehen besudelt werden darf.« Monti hatte auch die Schulbibliothek unter sich und erkor Leone, dessen intellektuelle Fähigkeiten er sofort erkannte, zu seinem Assistenten.

»Leone war eine außergewöhnliche Erscheinung. Er beeindruckte uns« – so ein anderer Schulkamerad, Norberto Bobbio – »außer durch seine Herkunft auch durch sein Aussehen und seine Bildung, an der sich seine frühe Reife zeigte. Nachmittags versammelte man sich in der Via Vico, in Leones Zimmer. Auf dem Schreibtisch lag ein grünes Tuch, in den Regalen dominierten die Werke der russischen Literatur und die von Croce, dem Meister der Freiheit und Anführer des kulturellen Widerstandes gegen den Faschismus. Die Mutter brachte uns Tee. Dort, zwischen diesen Wänden, hat unsere politische, kulturelle, moralische Erziehung stattgefunden. Aber natürlich fehlten auch die Vergnügungen nicht.«

Leone mit seinen schwarzen, widerspenstigen Haaren im Bürstenschnitt, seinen buschigen Augenbrauen und dem schon dichten Bartwuchs war ein in den mondänen Salons von Turin gern gesehener Gast, geistreich und brillant, obwohl er leicht stotterte. »Es war Karneval. Einige von uns waren zu einem Maskenball bei Paola und Carla Malvano gegangen«, so wiederum Vittorio Foa. »Dort hatte Leone eine Idee: ›Morgen spielen wir Professor Monti einen schönen Streich: Wir gehen zu ihm und präsentieren uns alle kostümiert.‹ Der Vorschlag wurde angenommen, und wir gingen hin. Monti öffnete die Tür einen Spalt, warf einen Blick auf uns und jagte uns davon: ›An so einem Tag lauft ihr durch die Gegend und spielt die Clowns!‹ Es war der 11. Februar 1929, der Tag des Konkordats. Wir waren enttäuscht, vor allem Leone, der als Zauberer verkleidet war, mit einem langen, violetten Umhang mit Perlenbesatz und einem spitzen Hut.«

Benedetto Croce

Die Verkleidung paßte zu ihm, denn sein großes Wissen, seine natürliche Autorität, seine Ausstrahlung bewirkten, daß ihm niemand etwas abschlagen konnte, wenn er um etwas bat. Nicht einmal Benedetto Croce, der nach kurzem Schwanken bald zum führenden Kopf der antifaschistischen Intellektuellen geworden war und bei dem Leone sich unterzuhaken pflegte, wenn er ihn auf dem Corso traf, um auf- und ab gehend emsig auf ihn einzureden, bis Croce schließlich bedächtig mit dem Kopf nickte. Und auch Luigi Einaudi nicht, der Vater des Verlegers Giulio Einaudi, ein bedeutender Ökonom, der nach dem Krieg Präsident der Republik Italien wurde.

Nach dem Abitur schrieb sich Leone an der Universität für Jura ein, wechselte aber bald zur Literaturwissenschaft. Einmal in der Woche traf sich der Freundeskreis aus dem Massimo d'Azeglio mit Professor Monti im Café Rattazzi und diskutierte über Politik, aktuelles Tagesgeschehen, Literatur und Musik. Als Leone volljährig wurde, beantragte er die italienische Staatsbürgerschaft. Bis dahin verzichtete er auf aktive politische Einmischung, obwohl er von Anfang an überzeugter Antifaschist war, und widmete sich ganz seinem Studium, arbeitete an der Übersetzung von »Anna Karenina«, schrieb Rezensionen über russische und französische Literatur für die Zeitschrift ›La Critica‹ und, mit zweiundzwanzig Jahren, Artikel für eine Musikzeitschrift, in denen er für die Freiheit des Interpreten gegenüber der Vorlage eintrat. Freiheit galt ihm als höchster Wert. Aber erst 1931, nachdem er die italienische Staatsbürgerschaft erhalten hatte, wurde er politisch aktiv.

»Er hatte die italienische Tradition als Grundlage für seinen Antifaschismus übernommen«, schreibt Foa. »Er mußte eine nationale Identität erringen und mit dieser Identität seinem Antifaschismus eine Berechtigung verleihen. Es war eine moralische Beziehung mit sich selbst, äußere Legitimationen brauchte er nicht. Vielleicht fühlte er, daß das Erlangen einer nationalen Identität eine unerläßliche Bedingung war, um sich politisch betätigen zu können.«

Nachdem er sein Studium mit einer Doktorarbeit über Maupassant beendet hatte, verbrachte er im Frühjahr 1932 einige Monate mit einem Forschungsstipendium in Paris, wo er Benedetto Croce wiedertraf und mit den italienischen Antifaschisten Kontakt aufnahm, die dort im Exil lebten. Er diskutierte eingehend mit Carlo Rosselli, der mit Emilio Lussu und Fausto Nitti die Untergrundbewegung *Giustizia e libertà* gegründet hatte. Die Idee, eine Organisation zu schaffen, die keine Partei war, sondern allen demokratischen Kräften offenstand, um gemeinsam gegen den Faschismus zu kämpfen, überzeugte ihn. Zurück in Turin, gründete er im Sommer die Turiner Gruppe von *Giustizia e libertà*, der bald auch Natalias Bruder Mario, Vittorio Foa und Sion Segre angehörten.

»Was hat Mario nur mit diesem Ginzburg zu tun?« fragte der Vater die Mutter, als er die zwei eines Tages auf dem Corso traf. »Was zum Teufel haben die sich wohl zu sagen?« Niemand in der Familie ahnte, daß Mario im antifaschistischen Untergrund aktiv war. »Mein Vater dachte nicht, daß es in Italien noch Verschwörer gebe. Er dachte, er sei einer der wenigen in Italien noch übriggebliebenen Antifaschisten.«

»Der ist unglaublich gebildet, unglaublich gescheit«, erwiderte die Mutter, »er übersetzt aus dem Russischen und macht wunderbare Übersetzungen.« Sie hatte angefangen, Russisch zu lernen, und nahm zusammen mit ihrer Freundin Frances bei Ginzburgs Schwester Unterricht. »Aber er ist sehr häßlich«, wandte der Vater ein. »Die Juden sind alle häßlich, das weiß man doch.« – »Und du«, fragte die Mutter, »bist du kein Jude?« – »Ich bin ja auch häßlich«, sagte der Vater.

Ende 1932 bekam Leone Ginzburg eine Dozentenstelle an der Universität von Turin und lehrte russische Literatur. Doch 1934 verlor er sie wieder, weil er sich – wie auch Natalias Vater – weigerte, den faschistischen Amtseid zu leisten. »Sehr geehrter Herr Professor«, schrieb Leone am 8. Januar 1934 an den Dekan der Fakultät, »ich habe, wie Sie wissen, seit einiger Zeit auf eine Universitätslaufbahn verzichtet und wünsche nicht, daß meinem Unterricht andere als technische oder wissenschaftliche Bedingungen zugrunde gelegt werden. Ich werde daher den oben erwähnten Eid nicht leisten.«

MARIO ARBEITETE unterdessen wie sein ältester Bruder Gino bei Olivetti in Ivrea. Er lebte dort in einem Untermietzimmer, verbrachte die Abende mit Gino und kam, wenn überhaupt, nur samstags heim. »Heute kommt mein Mariolino«, freute sich die Mutter, doch er setzte sich nur kurz zu ihr und Natalia ins Wohnzimmer, ging dann sofort ans Telefon, traf mit leiser Stimme und entschlossener Miene geheimnisvolle Verabredungen und wurde bis zum Abendessen nicht mehr gesehen. Er fuhr auch im Sommer nicht mehr mit der Familie ins Gebirge. Allerdings reiste er oft in die Schweiz. Paola erzählte, er habe eine Freundin dort.

Alberto dagegen war aus dem Internat zurückgekehrt, hatte zum Erstaunen der ganzen Familie ein hervorragendes Abitur gemacht und studierte nun in Turin Medizin. »Mein Vater hatte ihn plötzlich im Anatomiehörsaal vor sich, und das gefiel ihm gar nicht. Einmal, als es im Hörsaal dunkel war, weil mein Vater Dias zeigte, sah er im Dunkeln eine Zigarette glühen. ›Wer raucht da?‹ schrie er. ›Wer ist dieser Hundesohn, der zu rauchen angefangen hat?‹ – ›Ich, Papa‹, antwortete die bekannte leichte Stimme; und alle lachten.«

Die Beziehungen zwischen Alberto und Mario waren immer noch sehr kühl. Doch Mario kannte jetzt Vittorio Foa, den besten Freund seines Bruders, und wenn Mario und Alberto auf dem Corso Leone Ginzburg und Vittorio trafen, lud Mario die beiden manchmal nach Hause zum Tee ein. Die Mutter begrüßte das sehr, die jungen Leute waren ihr sympathisch, und sie teilte die Skepsis ihres Mannes nicht. Sie freute sich, wenn Besuch kam und wenn sie Mario und Alberto zusammen sah.

Seit ihre drei ältesten Kinder aus dem Haus waren, fühlte sie sich oft einsam. Ihr Mann war besessen von einer verzehrenden Leidenschaft für die Arbeit, Alberto studierte und war als »Freund und Vertrauter von Verschwörern« kaum daheim, und Natalia hatte nur ihre Erzählungen und Leone im Kopf. Natürlich kam samstags Mario, und auch Paola kam öfter aus Ivrea zu Besuch, aber es war nicht mehr wie früher. Eine gewisse Mutlosigkeit hatte Giuseppe und Lidia erfaßt. »Viele Freunde meines Vaters und meiner Mutter waren Faschisten geworden oder zumindest keine so offenen und erklärten Antifaschisten, wie es meinen Eltern gefiel.« Manchmal gingen sie abends zu Paola Carrara, einer Freundin von Lidia, die wie sie mit Filippo Turatis Lebensgefährtin Anna Kulischoff befreundet gewesen war. In deren Salon verkehrte auch der Historiker, Journalist und Schriftsteller Luigi Salvatorelli. »Heute abend gehen wir zu Carraras«, kündigte der Vater der Mutter an, »Salvatorelli wird auch da sein«. »Wie schön!« antwortete die Mutter, »ich bin wirklich gespannt, was Salvatorelli zu berichten hat!«

Und am nächsten Morgen, erfrischt von diesem »Atemzug reiner Luft«, legte sie sich einen *Solitaire*, um zu sehen, ob der Faschismus vielleicht doch bald zu Fall käme. Sie war nicht abergläubisch, es machte ihr einfach Spaß, genauso wie sie sich mit ihrem Schwiegersohn Adriano gern über Handlesen und andere okkulte Dinge unterhielt. Dann ging sie zum Einkaufen und sagte beim Mittagessen zu Giuseppe: »Die Unzufriedenheit ist riesengroß. Die Leute haben einfach genug.« – »Wer hat dir das gesagt?« schrie er. »Mein Gemüsehändler hat es mir gesagt«, erwiderte sie. Giuseppe schnaubte verächtlich. Seiner Meinung nach war gegen den Faschismus nichts zu machen.

Eines Samstags, im März 1934, warteten sie vergeblich auf Mario. »Wo Mario bloß wieder steckt?« wunderte sich die Mutter. Er ließ sich auch den ganzen Sonntag nicht blicken.

Am Montag früh klingelte es. Draußen standen Gino und Paola: »Sie haben Mario an der Schweizer Grenze verhaftet«, berichteten sie, »in Ponte Tresa!« Sie gingen sogleich in sein Zimmer und suchten in seinen Schubladen nach verbotenen Schriften, aber da lagen nur seine Hemden.

»Mein Vater war an diesem Tag nicht in Turin; er kam am nächsten Morgen. Meine Mutter hatte kaum Zeit, ihm zu erzählen, was geschehen war: Dann füllte sich die Wohnung mit Polizisten, die gekommen waren, um eine Hausdurchsuchung zu machen. Sie fanden nichts.« Natalia, die voller Schrecken dabeistand, wurde erlaubt, in die Schule zu gehen. Lidia weinte, aber Giuseppe mußte den Polizisten aufs Präsidium folgen. Am Abend kehrte er nicht zurück. »So begriffen wir, daß sie ihn ins Gefängnis gesteckt hatten.« Gino wurde in Ivrea verhaftet und nach Turin überführt.

Auch Vittorio Foa hatte den ganzen Tag auf Mario und seinen Freund Sion Segre gewartet, die ihm politisches Material bringen sollten. Um Mitternacht war er mit Leone verabredet und sagte zu ihm: »Sie sind nicht gekommen.« Ginzburg antwortete: »Sie haben sie erwischt!« Dann schwiegen sie. Fünf Stunden später hatten sie auch Leone verhaftet.

»Dann kam Adriano – mit dem glücklichen und erschrockenen Gesicht, das er in den Tagen der Gefahr hatte – und erzählte uns, daß Mario, als er mit seinem Freund im Auto durch Ponte Tresa fuhr, von Zöllnern angehalten worden war, die nach Zigaretten suchten. Sie hatten das Auto durchsucht und antifaschistische Schriften gefunden. Auf dem Weg zum Polizeirevier hatte Mario sich plötzlich losgerissen, war mit allen Kleidern in den Fluß gesprungen und auf die Schweizer Grenze zugeschwommen. Zuletzt waren Schweizer Grenzer ihm mit einem Boot entgegengekommen. Mario war nun in der Schweiz, in Sicherheit.« Aber Sion Segre war festgenommen worden und auch viele andere antifaschistische Aktivisten in Turin. Die Gruppe von *Giustizia e libertà*, die bis dahin dank ihrer beweglichen Organisationsstruktur recht ungestört hatte arbeiten können, war empfindlich getroffen.

Natalias Mutter wandte sich an den Schriftsteller Pitigrilli, der mit dem verhafteten Sion Segre verwandt war – und von dem noch niemand ahnte, daß er als Spion arbeitete –, um zu fragen, wie sie ihrem Mann im Gefängnis helfen könne. »Pitigrilli kam also zu uns nach Hause. Er war groß, dick, mit langen graumelierten Koteletten, und trug einen dicken hellen Mantel, den er nicht auszog. Er erklärte uns alles: die Speisen, die man den Häftlingen an bestimmten Wochentagen zukommen lassen konnte, und daß man zu Hause die Nüsse knacken, die Äpfel und Orangen schälen und das Brot in Scheiben schneiden müsse, weil man im Gefängnis kein Messer haben durfte.«

Die Mutter brachte frische Wäsche und Eßpakete ins Gefängnis und ging aufs Polizeipräsidium. »Seien Sie beruhigt, Signora, gegen den Herrn Professor liegt nichts vor«, wurde ihr gesagt, aber Giuseppe kam nicht zurück.

Dann erschien in der Zeitung ein Artikel mit der Schlagzeile: »In Turin Gruppe von Antifaschisten aufgedeckt, die mit den Exilanten in Paris gemeinsame Sache machen.« Lidia erschrak.

Und Natalia machte sich Sorgen um Leone. Sie hatte vorher nicht viel von seiner Untergrundtätigkeit gewußt. Als Kind hatte sie Angst vor den Faschisten gehabt, »vor ihren Schwarzhemden, vor ihren Lastwagen, vor der Arbeitskammer, die ausgebrannt war, vor einem blutverschmierten staubigen Männerhut«, den sie einmal neben einem verbogenen Fahrrad am Straßenrand hatte liegen sehen. Dann hatte sie diese Angst mit den Jahren beiseite geschoben. Nun regte sie sich wieder.

Lidia fuhr mit Adriano nach Rom, um sich für ihren Mann einzusetzen. Sie versuchte auch, mit Giuseppes Cousine Margherita

Kontakt aufzunehmen, die mit Mussolini befreundet war und eine Biographie über ihn verfasst hatte, traf sie aber nicht an.

Giuseppe Levi wurde etwa zwanzig Tage festgehalten. »Dann, eines Abends, kam mein Vater wieder heim. Er war ohne Krawatte und ohne Schnürsenkel, weil einem die im Gefängnis abgenommen wurden. Er trug ein in Zeitungspapier gewickeltes Bündel schmutzige Wäsche unter dem Arm. Er hatte einen langen Bart und war sehr zufrieden, im Gefängnis gewesen zu sein.« Gino dagegen wurde erst zwei Monate später entlassen.

Leone Ginzburg wurde vom *Tribunale speciale* zu vier Jahren verurteilt. Natalia schrieb ihm heimlich und unterzeichnete mit »Giulietta«. Er antwortete mit wunderbaren Briefen. Nach zwei Jahren kam er durch eine Amnestie wieder frei.

Neue Wörter tauchten im Sprachgebrauch der Familie auf: »Salvatorelli kann man nicht einladen! Das ist kompromittierend!« hieß es. »Dieses Buch darf man nicht im Haus haben! Es kann eine Hausdurchsuchung geben!« Lidia mußte ihre Russischstunden bei Leone Ginzburgs Schwester aufgeben. Die Levis wurden überwacht.

Im Mai 1935 gab es eine neue Verhaftungswelle. Wieder klingelte es frühmorgens gegen sechs Uhr an der Wohnungstür: Polizei. Alberto, der inzwischen seinen Militärdienst abgeleistet hatte, wieder zu Hause lebte und ebenfalls im Untergrund aktiv war, wurde festgenommen. Die Mutter brachte wieder, so oft es erlaubt war, Wäsche und Eßpakete ins Gefängnis.

Der Maler Carlo Levi, Freund von Natalias Brüdern und ihr selbst »teuer wie ein Bruder«, der später in der Verbannung sein berühmtes Buch »Christus kam nur bis Eboli« schrieb, wurde verhaftet. Natalia hatte ihn häufig in seinem Atelier besucht. Während sie ihm beim Malen zusah, sprachen sie über ihre Erzählungen, und einmal sagte er zu ihr: »Du läufst Gefahr, zufällig zu schreiben.« Sie dachte lange über diese Bemerkung nach, und ihr wurde klar, daß man beim Schreiben »die Dinge herausholen muß, die man in sich hat«. Zur gleichen Zeit las auch der Schriftsteller Mario Soldati ihre Geschichten und telegrafierte ihr – das erste Telegramm ihres Lebens! -: »Ihre Erzählungen wunderbar, Glückwünsche.«

Vittorio Foa, dessen Telefongespräche mit Alberto abgehört worden waren, Giulio Einaudi und Cesare Pavese, die die Zeitschrift ›La Cultura‹ herausgaben, und viele andere waren verhaftet worden.

»Im Zellenwagen des Zugs, der uns nach Rom brachte, war der gesamte Turiner Liberalsozialismus versammelt«, schreibt Foa. »Unsere Festnahme verdankten wir einem Spion, der sich in unsere Reihen eingeschlichen hatte. Es war ein in Turin bekannter Schriftsteller aus jüdischer Familie, Cousin meines Freundes Sion Segre, der zu der Zeit im Gefängnis war. Unter dem Vorwand, seinem Cousin zu helfen, präsentierte sich der Spion in Paris und gliederte sich dort in die Bewegung ein. Sein Künstlername war Pitigrilli, sein wirklicher Name Dino Segre. Er erhielt ein üppiges Gehalt von der OVRA, dem faschistischen Geheimdienst, arbeitete mit beachtlicher detektivischer Genauigkeit und forderte ständig Geld von der Regierung. Nach der Befreiung veröffentlichten wir seine Briefe an die OVRA mit allen seinen Denunziationen.«

Alberto wurde in ein Dorf namens Ferrandina in Lukanien in Verbannung geschickt. Nach seiner Rückkehr machte er Examen, heiratete Miranda, seine große Liebe, und ließ sich als Arzt nieder. Michele Giua – Chemieprofessor, Kollege und Freund von Natalias Vater – und Vittorio Foa wurde der Prozeß gemacht; sie bekamen je fünfzehn Jahre.

Mario war aus der Schweiz nach Paris gegangen und schrieb kurze, wortkarge Briefe. Eine Zeitlang hatte er bei *Giustizia e libertà* mitgearbeitet, sich dann aber mit der Gruppe überworfen. Seine Eltern besuchten ihn. Auch Paola besuchte ihn, aber sie hatten sich nichts mehr zu sagen.

Paola zog wieder nach Turin, in ein Haus auf den Hügeln. Sie beklagte sich bei Natalia: »Unsere Mama ist zu jung! Ich hätte gern eine alte, dicke Mutter mit weißen Haaren! Eine, die immer zu Hause sitzt und stickt und nicht so eifersüchtig auf meine Freundinnen ist!« Doch mit Sticken hatte Lidia nichts im Sinn, sie war eine unternehmungslustige Frau, ging leidenschaftlich gern ins Kino, liebte Gesellschaft und hatte auch, allein, ihre Russischstudien wieder aufgenommen.

Natalia bereitete sich aufs Abitur vor, das sie im Sommer 1935 ablegte, und schrieb sich dann an der Turiner Universität für Literaturwissenschaft ein. Zusammen mit ihrer Mutter besuchte sie im Herbst Mario, der inzwischen bei Clermont-Ferrand als Lehrer arbeitete. »Wie französisch Mario geworden ist!« bemerkte die Mutter. Auf alles Italienische blickte er mit Verachtung herab.

»AM ENDE des Winters« – im März 1936 – »kam Leone Ginzburg aus dem Zuchthaus in Civitavecchia, wo er seine Strafe abgesessen hatte, nach Turin zurück. Er trug einen zu kurzen Mantel, einen verbeulten Hut, der ihm etwas schief auf dem schwarzen Haar saß. Er ging langsam, die Hände in der Tasche: und blickte sich forschend mit schwarzen, durchdringenden Augen um, die Lippen zusammengekniffen, die Stirn gerunzelt, die schwarze Schildpattbrille etwas zu tief auf seiner großen Nase.«

Er stand unter Polizeiaufsicht, durfte nach Einbruch der Dunkelheit nicht mehr ausgehen. Täglich klingelten die Polizisten an der Wohnung beim Corso Francia, wo er mit seiner Mutter und seiner Schwester wohnte, um zu kontrollieren, ob er wirklich zu Hause war.

Und mit Natalia mußte er sich in Cafés oder zum Spazierengehen treffen. Sie zu Hause zu besuchen, wäre zu riskant gewesen.

Da er nun als gefährlicher Verschwörer galt, wurde er nicht mehr in die mondänen Salons von Turin eingeladen, die ihn vorher so angezogen hatten. »Es war ihm gleich; es schien, als hätte er jene Salons vollkommen vergessen. Seine wahre Leidenschaft war die Politik.«

Abends besuchte ihn Pavese, der vor kurzem aus der Verbannung zurückgekehrt war, aber nicht, um über Politik zu sprechen – »Ich pfeife auf die Politik!« –, sondern weil er nicht wisse, wie er die Abende verbringen solle und es nicht ertrage, abends allein zu sein. Er rauchte schweigend seine Pfeife oder erzählte von sich, von seiner Schwermut, seinen Liebesenttäuschungen. »Leones Fähigkeit zuzuhören war unermeßlich und unendlich; und er verstand es, den Dingen der anderen auch dann mit tiefer Aufmerksamkeit zu lauschen, wenn er ganz darin versunken war, an sich selbst zu denken.«

Aus der Anfangszeit des Einaudi-Verlags:
Cesare Pavese, Leone Ginzburg, Franco Antonicelli und Carlo Frassinelli, 1932

LEONE ARBEITETE WIEDER mit Giulio Einaudi im Verlag zusammen. Der Verlag Giulio Einaudi, zu dessen Gründungsmitgliedern Leone gehörte, war schon im November 1933 ins Handelsregister eingetragen worden. Er bestand aus zwei Zimmern im dritten Stock eines Hauses an der Via Arcivescovado 7, in dem auch Antonio Gramscis ›Ordine Nuovo‹ seinen Sitz hatte. Die erste Reihe trug den programmatischen Titel »Problemi contemporanei«, und 1934 erschienen darin neun Bücher, darunter amerikanische, russische und englische Texte, die alle ökonomische Fragen zum Gegenstand hatten. Um das Verlagsprogramm auf andere Themen auszudehnen, schlug Leone Ginzburg für die nächsten Jahre scharfsinnigen Intellektuellen wie Augusto Monti und Cesare Pavese, Ludovico Geymonat, Massimo Mila, Franco Antonicelli, Felice Balbo, Arrigo Cajumi und Carlo Levi die Mitarbeit vor, und es wurde – in immer unverhohlenerer Opposition zur Diktatur – eingehend, kritisch und aufmerksam über alle Probleme in Kultur, Gesellschaft und täglichem Leben diskutiert.

Jetzt, nach der Verhaftungswelle, gab es außer Giulio und Leone als feste Mitarbeiter nur noch einen Lagerhalter und eine Sekretärin. Sie versuchten, Cesare Pavese, der als Aushilfslehrer an einem Gymnasium unterrichtete, Gedichte schrieb und amerikanische Schriftsteller übersetzte, zum Eintritt in den Verlag zu überreden. Er ließ sich eine Weile bitten, wurde aber, als er schließlich einwilligte, ein »pünktlicher, gewissenhafter Angestellter und schimpfte auf die anderen beiden, die erst am späten Vormittag kamen und dann womöglich um drei Uhr zum Mittagessen gingen«.

Auf Betreiben von Leone erschienen bald zwei neue Reihen, die »Biblioteca di cultura storica«, in der auch Salvatorellis Bücher veröffentlicht wurden, und die »Narratori stranieri tradotti«, eine Reihe mit Übersetzungen moderner ausländischer Erzähler, zu der Pavese unter anderem Gertrude Steins »Autobiographie von Alice B. Toklas« beisteuerte.

NATALIA HATTE drei jüdische Freundinnen, mit denen sie zusammen die Vorlesungen besuchte. »Aber wir studierten planlos und ohne Eifer.« Sie und Leone hatten beschlossen zu heiraten. Als der Vater davon hörte, bekam er den üblichen Wutanfall: »Er hat keine sichere Position!« schrie er. Das stimmte. Leone konnte jederzeit wieder verhaftet und eingesperrt oder unter irgendeinem Vorwand in die Verbannung geschickt werden. »Aber wenn der Faschismus vorbei ist«, hielt die Mutter dagegen, »wird er ein großer Politiker. Und der Verlag, in dem er arbeitet, sprüht vor Ideen! Sie veröffentlichen die Bücher von Salvatorelli!« Das besänftigte ihn.

Benedetto Croce machte sich schon ein halbes Jahr vor der Hochzeit am 12. Februar 1938 Gedanken über das Hochzeitsgeschenk. Er schrieb am 30. Juni 1937 in einem Brief an den Verleger Giovanni Laterza: »Lieber Freund, ich hatte Elena gesagt, sie solle auf meine Rechnung ein Geschenk für Ginzburgs bevorstehende Hochzeit kaufen. Da sie ihn gut kennt, hat sie ihn selbst gefragt, was er sich wünscht, und er möchte eine Reihe neuer Bücher. Ich sende Euch die Liste, damit ihr sie ihm schickt. Ich muß sie wenigstens zum Teil bezahlen, denn sonst wäre das Geschenk ja nicht von mir, sondern von Euch! Und ich wäre gezwungen, mir etwas anderes auszudenken!«

Natalia, etwa zur Zeit, als sie Leone kennenlernt

Natalia bekam von dem befreundeten Philologen Santorre Debenedetti Marcel Prousts »A la recherche du temps perdu«, eine kostbare, französische Ausgabe von 1929, sechzehn rot gebundene Bände mit Goldschnitt.

»Leone und ich heirateten und zogen in die Wohnung in der Via Pallamaglio.« Natalias Eltern waren einige Zeit zuvor dort ausgezogen und lebten, zur Freude der Mutter, wieder in einer Wohnung im Erdgeschoß. Der sieben Jahre ältere, ausgeglichene Leone war fasziniert von seiner schüchternen, impulsiven jungen Frau mit den kurzen gescheitelten Haaren, den sorgfältig gezupften Augenbrauen und dem dezent geschminkten Mund, der ununterbrochen Ideen für Geschichten durch den Kopf flatterten. »Ich habe sie geheiratet, sie schreibt schöne Erzählungen«, sagte er zu Giulio Einaudi. Manchmal konnte sie, wie ihr Vater, unvermutet in heftigen Zorn geraten, und immer noch fragte sie sich, ob Leone wirklich »die richtige Person« sei. Aber »die richtige Person« interessierte sie gar nicht mehr, sie hatte nur noch Augen für Leone. »Ab und zu brechen zwischen uns heftige Meinungsverschiedenheiten aus: und doch gelingt es ihnen nicht, den unendlichen Frieden zu brechen, der in uns ist. Wir haben nicht mehr viel Lust auf Freunde, weil wir alle unsere Gedanken der Person erzählen, die mit uns lebt, während wir am beleuchteten Tisch die Suppe essen: anderen noch etwas zu erzählen, so scheint es uns, lohnt sich nicht mehr. Nur von ihr können wir alles verlangen, was unser Herz braucht.«

Natalia stand vor völlig neuen Aufgaben. Sie hatte keine Ahnung von Haushaltsführung, wagte nicht, ihrem Dienstmädchen Martina etwas zu befehlen – sie, die doch als Mädchen im Haus der Eltern, so erkannte sie jetzt, stets bedenkenlos ihren Willen geäußert hatte –, fand beim Einkaufen alles billig und wunderte sich dann, wenn das schmale Gehalt, das Leone vom Einaudi-Verlag bezog, nicht bis zum nächsten Monatsersten reichte. Aber sie ahnte nun »hinter den Dingen die Gegenwart des Geldes wie eine mühsame und gewundene Komplikation, die wer weiß wohin führen konnte. Dennoch verfehlte ich nicht, wenn ich Geld in der Hand hatte, es sofort auszugeben, um es gleich darauf zu bereuen.«

Sie freute sich, wenn sie und Leone zum Essen eingeladen wurden und sie nicht kochen mußte, sondern »ab und zu unvorhergesehene Gerichte essen konnte, die ich weder bedacht, noch gekauft, noch im Kochtopf gesehen hatte«.

Im Grunde wollten weder er noch ich Italien verlassen 1936-1944

In der zweiten Hälfte des Jahres 1938 traten die Rassengesetze der Faschisten in Kraft. Bis dahin hatten die Juden, von denen die meisten assimiliert waren, relativ unbehelligt gelebt, und auch Juden aus anderen Ländern waren vor der Verfolgung nach Italien geflüchtet. Jetzt forderte die Zentralverwaltung in Rom die Kommunalbehörden auf, Listen der ortsansässigen Juden abzuliefern. Die Kommunen kamen dieser Anweisung jedoch nur schleppend oder gar nicht nach. Auch gehörten viele Juden, da sie nicht religiös waren, nicht zur jüdischen Gemeinde und waren also nicht als solche registriert. Die jüdischen Kinder wurden aus den öffentlichen Schulen ausgeschlossen, die jüdischen Studenten, die vor dem Abschluß standen, konnten ihr Studium noch beenden, aber Neueinschreibungen an der Universität waren für Juden nicht mehr gestattet. Eine massive antisemitische Hetzkampagne in Presse und Radio setzte ein, und die Juden wurden aus allen wichtigen öffentlichen und ökonomischen Positionen verdrängt.

Leone und Natalia wurden die Pässe entzogen, und Leone verlor die italienische Staatsangehörigkeit und wurde staatenlos. Es gab in Turin eine Gruppe zionistischer Juden, und viele von ihnen verließen das Land oder bereiteten ihre Emigration vor. Auch Leones Bruder Nicola emigrierte mit seiner Frau nach Amerika. »Wenn wir nur den Nansen-Paß hätten«, sagte Natalia. Mit dem Nansen-Paß für staatenlose Flüchtlinge hätten sie ausreisen können. »Ich will kein Emigrant werden«, antwortete Leone. Ein Angebot, in Paris bei *Giustizia e libertà* zu arbeiten, hatte er ausgeschlagen. Im Grunde wollten weder er noch Natalia Italien verlassen. Auch Israel eignete sich nicht als Fluchtziel für sie. Leone war kein Zionist. Er fand, die Juden sollten sich assimilieren, und er befürchtete, der Zionismus könne in Imperialismus münden.

Wenn hoher Staatsbesuch, wie etwa der König, nach Turin kam, wurde Leone als aktenkundiger Antifaschist jedesmal einige Tage in Schutzhaft genommen. »Verflixter König, soll er doch gefälligst zu Hause bleiben!« kommentierte Natalias Mutter, die um ihre Tochter besorgt war.

Giuseppe Levi verlor mit fast siebzig seine Professur und ging auf Einladung an ein Institut der Universität in Lüttich, wo er weiter forschen konnte. Mit ungebrochener Energie richtete er sich sofort wieder ein kleines Labor mit seinen Zellkulturen ein. Lidia begleitete ihren Mann, kehrte aber nach einigen Monaten nach Turin zurück. Belgien mit seinem häufigen Regen gefiel ihr überhaupt nicht.

Vater Giuseppe Levi

AM 15. APRIL 1939 bekam Natalia ihren ersten Sohn: Carlo. Früher, auf ihren einsamen Streifzügen durch die Vorstädte, hatte sie die Familien bedauert, die mit Kinderwagen spazierengingen. »Jetzt sind wir eine dieser Familien: und wir sind nicht traurig, wir sind vielleicht sogar glücklich, aber es ist ein Glück, das wir in unserer Panik, es von einem Augenblick zum anderen für immer verlieren zu können, nur schwer erkennen.« Die neue Erfahrung ist überwältigend. Alles andere wird unbedeutend, das Schreiben, die Freunde. Wichtig ist, ob man mit dem Kind hinaus kann, ob es gut zugedeckt ist, ob es satt ist, ob es lächelt. »Es wird doch nicht regnen?«

Ein Jahr später, am 9. April 1940, kommt ihr zweiter Sohn, Andrea, auf die Welt. »Wir lieben unsere Kinder auf so schmerzliche, so erschrockene Weise, daß es uns scheint, als hätten wir nie einen anderen Nächsten gehabt, als könnten wir nie einen anderen haben. Wir sind noch wenig an die Anwesenheit unserer Kinder auf der Erde gewöhnt: Wir sind noch erstaunt und überwältigt von ihrem Erscheinen in unserem Leben.« Ertappte sie sich dabei, doch einmal Sehnsucht nach dem Schreiben zu empfinden, fühlte sie sich schuldig. Ihre Mutter, die kleine Kinder über alles liebte, zog zu ihr, half ihr und war entzückt: »Sie gefallen mir alle beide, ich wüßte nicht, welches ich wählen sollte.« Als ob sich diese Frage stellte. Da sie sah, wie angestrengt Natalia war, ließ sie eine Kinderfrau aus der Toskana kommen. Die große Frau mit ihren Glockenröcken, bestickten Schürzen und Puffärmeln schreckte Natalia jedoch eher ab. Sie blieb nicht lang. Die Deutschen waren in Belgien einmarschiert, und man ängstigte sich um Giuseppe. Am 10. Juni 1940 trat Italien in den Krieg ein. Die Kinderfrau fuhr wieder ab. »Wir dachten, der Krieg würde sofort das Leben aller umstürzen und auf den Kopf stellen. Statt dessen blieben viele Leute jahrelang ungestört in ihren Häusern und fuhren fort zu tun, was sie immer getan hatten.«

NICHT SO Leone und Natalia. Leone wurde in das Bergdorf Pizzoli in den Abruzzen verbannt. Er durfte den Ort nicht ohne Erlaubnis verlassen und mußte sich jeden Tag bei der Polizei melden. Die Verbannung, eine bis in die Antike zurückreichende Form der Bestrafung, wurde im faschistischen Italien benutzt, um Regimegegner unschädlich zu machen und auf Inseln oder in abgelegenen Dörfern unter Kontrolle zu halten, ohne jedoch für ihren Lebensunterhalt aufkommen zu müssen. Natalia folgte ihrem Mann zwei Monate später mit den beiden Kindern. Leone hatte eine Wohnung gemietet, die auf die kaum befahrene Dorfstraße hinausging, drei große Zimmer mit Fresken an der Decke und eine Küche mit einer Feuerstelle, auf der man zum Kochen unter den Töpfen ein Kohlenfeuer anzünden mußte. Sie lebten drei Jahre dort.

ES WAR SEPTEMBER, das Dorf noch beherrscht von Hitze und Staub. Die so behütet aufgewachsene Natalia hatte Mühe, sich in der neuen, fremden Welt zurechtzufinden, die in nichts ihrem gewohnten städtischen bürgerlichen Milieu ähnelte. Besonders die Küche haßte sie: nie wollten die Kohlen brennen, sondern füllten den Raum nur mit Rauch.

Anfangs schienen ihr die Gesichter alle gleich zu sein, doch allmählich lernte sie, »Vincenzina von Secondina, Annunziata von Addolorata zu unterscheiden«. Die Dorfbewohner nahmen die

Internierten, die im ersten Jahr noch wenige waren, hilfsbereit auf, denn trotz aller Fremdheit einte sie ein gemeinsames Schicksal, der Krieg. »Wann geht ihr denn wieder nach Hause zurück?« fragten sie, wenn sie kamen, um sich von Leone Briefe an Ämter und Autoritäten schreiben zu lassen und er wunderbare Schlußformeln fand, zum Beispiel an einen Bischof: »Ich küsse Euren heiligen Ring.« – »Wenn der Krieg vorbei ist«, antwortete Leone. »Und wann ist er vorbei?« sagten sie, »du mußt es doch wissen, Professor, du weißt doch sonst immer alles.«

Nach der Ernte gingen die meisten Männer des Dorfes, da der Ertrag des kargen Bodens nicht zum Lebensunterhalt reichte, als Bauarbeiter in die umliegenden Städte und kamen erst zu Weihnachten nach Pizzoli zurück. Armut oder Reichtum der Familien konnte man am Feuer ablesen, das im Kamin brannte: im Wald gesammeltes Reisig, armseliges Kleinholz, hell brennende Scheite.

DIE TAGE VERGEHEN in gleichförmigem Rhythmus. Morgens, nach dem Aufstehen, bringt Natalia die Kinder an die frische Luft, auch als im Winter Schnee liegt – »Das ist kein Wetter zum Spazierengehen. Was haben die armen Kleinen verbrochen? Geh nach Hause, Signò!« –, und gegen Abend macht sie einen Spaziergang mit Leone. Es ist eine Zeit großer Intimität für die beiden. Vielleicht sind sie sich noch nie so nah gewesen, so glücklich, zusammen zu sein. Leone arbeitet weiter für den Verlag, von dem er auch weiter sein kleines Gehalt bezieht. Er beschäftigt sich mit Texten von Alessandro Manzoni, übersetzt Puschkin und Tolstoi, korrigiert mit pedantischer Genauigkeit die Druckfahnen aller Texte aus dem Russischen, die Einaudi ihm schickt, und schreibt fast täglich Karten nach Turin: »Sehr geehrte Herren« oder »Verehrtes Verlagshaus« beginnt er, um die Carabinieri nicht in Verlegenheit zu bringen, denen er die Post vorlegen muß. »Anbei die 2. Fahnenkorrektur.« Aber zwischen den Zeilen fragt er nach den neuen Gedichten von Pavese, macht verschlüsselt Vorschläge und nimmt so auch aus Pizzoli wirksam auf die Programmgestaltung Einfluß.

Am Anfang sind sie sehr arm, haben kaum genug Geld zum Überleben, dann hilft ihnen Adriano Olivetti, und die erste

Anschaffung ist ein mit Holz beheizbarer Herd, dessen Abzugsrohr durch alle Zimmer geht. Leone schreibt am ovalen Tisch, während Natalia kocht und die Kinder auf dem Fußboden herumkrabbeln. Die Abende verbringen sie meistens im Albergo Vittoria, mit dessen Besitzerinnen, Mutter und Tochter, Natalia sich rasch angefreundet hat. Vor allem die Tochter hilft ihr, so gut sie kann. Sie sitzen in der Küche am Kamin und plaudern. Nur über Politik wird nicht gesprochen, das möchte die Wirtin nicht: nebenan ist die Dienststelle der Carabinieri.

Cesare Pavese, der selbst einige Jahre in Brancaleone Calabro in der Verbannung gelebt hatte und gerade seinen Roman »Unter Bauern« herausbrachte, schickte Natalia eine Karte aus Turin: »Liebe Natalia, hören Sie auf, Kinder zu kriegen, und schreiben Sie ein schöneres Buch als meins.« Natalia nahm es sich zu Herzen, denn längst dachte sie beim Griesbreikochen wieder an ihren »lieben Beruf«.

Im Mai 1941 schrieb sie, nachmittags, während ein Dorfmädchen sich ein paar Stunden um die Kinder kümmerte, die Erzählung »Mio Marito« (»Mein Mann«):

Ein junges Mädchen, Vollwaise, die bei ihrer Tante lebt, heiratet einen Landarzt aus einem Dorf in der Nähe. Lange kommt keine Vertrautheit auf, bis er ihr gesteht, daß er ein armes fünfzehnjähriges Bauernmädchen liebt, »ein Tierchen«, wie er sagt, das er vor dem Tod gerettet hat. Durch die Ehe mit ihr will er von dieser triebhaften Beziehung loskommen. Sie zeigt Verständnis. Alles scheint sich einzurenken, sie bekommen ein Kind, leben wie eine glückliche Familie. Ein zweites Kind kommt. Dann bricht die Scheinnormalität zusammen. Sie stellt ihn zur Rede und erfährt, daß er sich wieder mit Mariuccia im Wald trifft. Mariuccia wird schwanger, stirbt nach einer Totgeburt, bei der die Arztfrau der Hebamme assistiert. »Ich wußte nicht, daß man sich über den Tod eines Menschen so freuen könnte.« Er kommt, nach dem Besuch bei einem anderen Patienten, zu spät. In der Hoffnung, daß nun ihrer beider Leben neu beginnen kann, führt seine Frau ihn nach Hause. Er schließt sich ein, dann hört sie einen Schuß.

Eine verträumte, ratlose, von der grausamen Wirklichkeit überwältigte Mädchengestalt, eine schwache Männerfigur; die Gestal-

Leone und Natalia Ginzburg
kurz nach ihrer Hochzeit

ten in Natalias frühen Erzählungen lassen an den Lehrmeister Tschechow denken: In den harmlos wirkenden Entwurf mischt sich bald ein kalter Schauder.

»Der Arzt glich meinem Kinderarzt, den ich mit zerstreutem Blick betrachtet hatte.« Unbemerkt hatte diese in ganz anderer als literarischer Hinsicht für sie wichtige Person in die Erzählung Eingang gefunden: Absichtsvoll gesammelte Details dagegen erwiesen sich später oft als unbrauchbar.

IM SOMMER kommt Natalias Mutter zu Besuch, interessiert sich neugierig für die Geschichten aus dem Dorf und vergleicht es mit dem Dorf in Lukanien, wo Natalias Bruder Alberto mit seiner Familie interniert ist. Sie wohnt im Albergo Vittoria, dem einzigen Gasthof von Pizzoli, da Natalia und Leone keinen Platz in ihrer Wohnung haben, und auch sie schließt sofort mit den beiden Besitzerinnen Freundschaft. Manchmal kommt auch ihr Mann Giuseppe, der unterdessen auf abenteuerlichen Wegen aus Belgien, wo man sein Institut geschlossen hatte, nach Turin zurückgekehrt ist. Sie gehen mit den Kindern zum Spielen auf die »Wiese vom toten Pferd«, so genannt, weil sie eines Morgens ein totes Pferd dort liegen sahen. Giuseppe fühlt sich in Pizzoli an Indien erinnert – »Der Dreck, den ich in Indien gesehen habe, ist unvorstellbar!« –, aber er erinnert sich mit lebhaftem Vergnügen.

IM SEPTEMBER 1941, als die Besucher wieder abgereist waren und sich die Erde und die Hügel rund um Pizzoli rot färbten, dachte Natalia voll Sehnsucht an Turin, ihre Mutter und ihre Freunde. Vielleicht beeinflußt durch die Lektüre von Erskine Caldwells Roman »Die Tabakstraße«, ging ihr wieder eine Geschichte durch den Kopf. Sie nahm sich vor, diesmal etwas Längeres zu schreiben. Es entstand ihr erster Roman:

Delia, die Ich-Erzählerin, ein sechzehnjähriges Mädchen, lebt mit ihren Brüdern und Nini, einem Cousin, bei den Eltern im Dorf, während ihre Schwester Azalea mit siebzehn den Sprung aus der bäuerlichen Armut des Elternhauses ins verlogene Kleinbürgertum geschafft und in die Stadt geheiratet hat, schöne Kleider und einen Liebhaber hat und die Tage zum größten Teil verschläft. Auch Delia möchte möglichst schnell fort von der immer klagenden Mutter, dem strengen, herrischen Vater, heraus aus Schmutz und Armut. So oft sie kann, nimmt sie »die Straße in die Stadt«, streunt herum, besucht ihre Schwester, geht mit ihrem Bruder und Nini Eis essen. Sie läßt sich mit dem reichen Nachbarssohn Giulio ein, aber glücklich fühlt sie sich mit Nini, der sie respektiert, ihr erzählt, was er liest, sie ermuntert, selbständig zu werden, und ihr sogar eine Arbeit beschafft. Er lebt inzwischen mit einer jungen Witwe in der Stadt und arbeitet in der Fabrik. Delia wird von Giulio schwanger, der Vater verprügelt sie, die Mutter dagegen freut sich über die gute Partie und erzwingt die Heirat. Bis dahin muß Delia zu einer Tante in ein noch kleineres Dorf, damit kein Gerede aufkommt. Sie fühlt sich fremd, einsam, unglücklich und häßlich. Nini besucht sie und gesteht ihr seine Liebe und Verzweiflung. Er zieht sich von allen zurück, beginnt übermäßig zu trinken und stirbt schließlich an einer Lungenentzündung. Delia erfährt es kurz nach der Geburt ihres Kindes, das sie nicht stillen und nicht lieben kann. Sie lebt nun mit Giulio in der Stadt, vertrödelt ihre Tage wie Azalea, und als ihr Bruder sie besucht, sprechen sie nicht über Nini, »denn die Toten machen angst«.

Zum ersten Mal wollte Natalia etwas schreiben, das ihrer Mutter gefiel. Sie vermißte sie so sehr. Sie liebte das Dorf, aber sie haßte es auch, wenn das Heimweh nach Turin und ihren Freunden sie überwältigte. Wieder und wieder schrieb sie die ersten Seiten, damit sie so trocken wie möglich würden: ihre Mutter mochte kein »Geschlabber«. Jeder Satz sollte sein »wie ein Peitschenhieb oder eine Ohrfeige«. Ihre Gestalten – zwölf, wie sie im nachhinein mit Stolz und Staunen feststellte – waren Menschen aus dem Dorf, die sie täglich sah. »Ungerufen waren sie in meine Geschichte hereingekommen: manche hatte ich sofort erkannt, andere erst hinterher. Aber mit ihnen mischten sich – ebenfalls ungerufen – meine Freunde und meine engsten Verwandten.« Und Delia, »das Mädchen, das ich sagt«, war ein Mädchen aus Pizzoli, aber teilweise auch eine alte Schulkameradin, »und teilweise, auf eine dunkle und wirre Art, war sie auch ich selbst. Von da an merkte ich, daß ich selbst immer, wenn ich die erste Person benutzte, ungerufen, ungebeten mit in mein Schreiben hineinschlüpfte.«

Natalia gab ihren Personen keine Nachnamen, auch das Dorf und die Stadt blieben namenlos, denn sie sollten eine Welt darstellen, die sowohl Norden als auch Süden sein konnte. »Und die Straße, die Straße, die das Dorf durchschnitt und zwischen Feldern und Hügeln bis nach Aquila führte, war ebenfalls in meine Geschichte hereingekommen.« Während sie zwei Monate lang in jeder freien Minute schrieb, fiel ihr auf, »daß man eine kleine Erzählung im Kopf haben muß wie in einer Nußschale, aber eine lange Erzählung entwickelt sich irgendwann ganz von allein, sie *schreibt sich fast wie von selbst.*« Nur der Titel kam nicht von selbst. Leone fand ihn: »La strada che va in città« (»Die Straße in die Stadt«).

LEONE HATTE DIE Genehmigung beantragt, den Verbannungsort für einige Wochen verlassen zu dürfen, und fuhr im November 1941 mit Natalia nach Turin. Sie sahen die geliebte Stadt und die Freunde aus dem Verlag wieder. Neue Leute aus Mailand und

Rom waren mit Projekten und Ideen dazugekommen. Beim Abendessen diskutierten sie die Verlagsstrategie und die Organisation des antifaschistischen Kampfes. Es wurde ein Sieben-Punkte-Programm erarbeitet, das dann 1943, bei der Gründung des *Partito d'azione*, als Grundlage dienen sollte.

Natalia sagte zu Cesare Pavese: »Ich habe Ihren Rat befolgt«, und gab ihm das Manuskript ihres kurzen Romans. Er erschien 1942 unter dem Pseudonym Alessandra Tornimparte, da sie ihn wegen der Rassengesetze nicht unter ihrem eindeutig jüdischen Namen veröffentlichen konnte. Sassa Tornimparte war eine Bahnstation in der Nähe von Pizzoli, wo sie gewöhnlich die Koffer aufzugeben pflegten.

Ihr Talent wurde sofort erkannt. Der Schriftsteller und Kritiker Silvio Benco schrieb am Ende eines Artikels im Triestiner ›Piccolo‹ vom 30. Juli 1942, in dem er zwei phantastische Romane von Enrico Morovich und Tommaso Landolfi rezensierte: »Könnt ihr euch eine Literatur vorstellen, in der die Wirklichkeit nicht vorkommt, außer um zu erklären, daß sie im Verschwinden begriffen ist?« Und fährt dann fort: »Gegen jeden Anschein ist die Wirklichkeit doch unendlich viel reicher als die Phantasie. Diese packt uns nie alle, da ja auch sie nur eine der vielen Ausgeburten des menschlichen Geistes ist. Die Wirklichkeit aber packt uns von allen Seiten, und kaum hören wir, wie von kundiger Hand die Taste des Realen angeschlagen wird, können wir nicht umhin zuzuhören. So ging es mir, als ich auf den kurzen Roman einer bisher unbekannten Autorin stieß, in dem mutig und unvoreingenommen eine ganz weibliche Realität geschildert wird. Ich begann ihn sofort zu lesen und legte ihn nicht mehr aus der Hand. Es war ›Die Straße in die Stadt‹ von Alessandra Tornimparte? (Ed. Einaudi, Turin); die Geschichte eines Mädchens bescheidener Herkunft, das wenig Bewußtsein hat und kaum Lust, Gutes zu tun, und das sich fast passiv treiben läßt, bis es in einem Hafen landet, der Ehe, die aber dann kein Hafen sein wird, sondern nur eine Etappe in einem schon in seinen Gefühlsmöglichkeiten enttäuschten Leben. Es hatte sie gegeben: aber der junge Mann, der sie nährte, ist gestorben. Dies war nötig, damit das träge Geschöpf sie überhaupt bemerkte.

Ein menschliches Schicksal, die Zeichnung einer beliebigen Gestalt: Aber die Autorin hat eine beeindruckende Genauigkeit in Ton und Anschlag; ihr Stil, mit kurzen Absätzen, stimmt immer, ist rasch, gerade, gleichmäßig, ohne Ausrufezeichen geht er immer weiter wie das Leben. An keiner Stelle äußert sie Worte, die nicht eng zur Erzählung gehören. Die Autorin liebt wirklich den Pulsschlag des Realen. Ich glaube nicht, daß sie je darauf aus sein wird, sich eine Phantasiewelt aufzubauen.« Das Fragezeichen hinter dem Pseudonym war vermutlich ein Druckfehler, doch vielleicht steckte auch eine Ahnung dahinter.

Allerdings gab es auch andere Stimmen. Als Natalia eines Tages in Pizzoli die Zeitung ›Primato‹ aufschlug, las sie mit Entsetzen einen Verriß des Dichters Alfonso Gatto, der erklärte, das Buch gefalle ihm überhaupt nicht. Leone tröstete sie, aber sie brauchte einige Zeit, bis sie das niederschmetternde Urteil verwand.

DANN BEGINNT der nächste Winter. Die Zahl der Verbannten hat zugenommen, es kommen nicht mehr nur Italiener, sondern auch deutsche und polnische Juden ins Dorf. Sie erzählen von ihren furchtbaren Erfahrungen, von Verwandten, die verschleppt wurden. Daß die Nazis grausam mit den Menschen umgingen, wußte Natalia, schon als die Deutschen Frankreich besetzten, hatte sie von Greueltaten gehört. Nun erfuhr sie zum ersten Mal von den Lagern.

Doch auch andere Nachrichten kommen, spärlich und hinter vorgehaltener Hand: Die britische Armee hat im Oktober 1942 deutsche und italienische Stellungen bei El Alamein angegriffen, der Durchbruch ist gelungen, im November sind englische und amerikanische Streitkräfte in Nordafrika gelandet, Tausende Deutsche und Italiener sind gefangengenommen worden. Bei Stalingrad ist die Rote Armee im Begriff, die deutsche Wehrmacht zu besiegen. Ein wenig Hoffnung kommt auf. Wenn der Wahnsinn doch bald ein Ende hätte.

DIE TAGE IM DORF vergehen wieder gleichförmig. Leone schreibt am ovalen Tisch, und Natalia arbeitet, wenn die Kinder in der Obhut des Kindermädchens Crocetta sind, an der Übersetzung des ersten Bands von Prousts »Auf der Suche nach der verlorenen Zeit«. Giulio Einaudi und Leone hatten sie noch vor dem Krieg mit dieser gewaltigen Aufgabe betraut. Sie hatte damals noch nie Proust gelesen, sondern kannte ihn nur aus den Erzählungen ihrer Mutter und ihrer Schwester. Nun verliebte sie sich rettungslos in diesen Text. Anfangs kontrollierte Leone jede Seite. »So geht's nicht«, sagte er und ließ sie die ersten Seiten wieder und wieder schreiben.

Crocetta erzählte währenddessen den Kindern unheimliche Märchen: »Es war einmal ein kleiner Junge, dem die Mutter starb. Sein Vater nahm eine neue Frau, und die Stiefmutter mochte das Kind nicht. Deshalb tötete sie es, als der Vater auf dem Feld war, und machte Siedfleisch daraus. Der Vater kommt nach Hause und ißt, aber nachdem er gegessen hat, fangen die auf dem Teller liegengebliebenen Knochen an zu singen:

Und mein böses Stiefmütterlein
kochte mich im Kessel fein
und mein Vater, auf Fleisch versessen,
hat mich ganz brav aufgegessen.

Daraufhin erschlägt der Vater seine Frau mit der Sense und hängt sie an einen Nagel draußen an der Tür.«

Natalia und Leone lasen den Kindern »Die wunderbaren Geschichten von Caterì mit dem kleinen Zopf« vor, ein Kinderbuch, das Elsa Morante sehr jung geschrieben hatte, aber auch die Märchen des sizilianischen Schriftstellers Luigi Capuana, die den abruzzesischen Märchen an Blutrünstigkeit nicht nachstanden.

ALLMÄHLICH LIESS die Kälte nach, und der Schnee schmolz. »Das Ende des Winters weckte eine gewisse Unruhe in uns. Vielleicht würde uns jemand besuchen: Vielleicht würde endlich etwas geschehen. Unser Exil mußte doch einmal ein Ende haben. Die Wege, die uns von der Welt trennten, wirkten kürzer: Die Post kam häufiger. Langsam heilten alle unsere Frostbeulen.«

Natalia war wieder schwanger und brachte am 20. März 1943 in L'Aquila ihre Tochter Alessandra auf die Welt. Ihre Mutter kam zur Geburt und blieb diesmal sehr lange. »Sie hatte keine Lust abzureisen. Man hoffte auf ein baldiges Kriegsende. Es war eine unbeschwerte Zeit, und es waren die letzten Monate, die wir zusammen verbrachten, Leone und ich.« Aber das wußte Natalia damals nicht, sie glaubte fest »an eine heitere Zukunft, reich an erfüllten Wünschen, an Erfahrungen und gemeinsamen Unternehmungen«.

Als am 25. Juli 1943 die Nachricht vom Sturz Mussolinis verbreitet wurde, fuhr Leone sofort nach Rom, um mit der Führung des unterdessen gegründeten *Partito d'azione*, dem viele ehemalige Mitglieder von *Giustizia e libertà* angehörten, zu beraten, was nun zu tun sei. Diese radikaldemokratische Partei, die sich schon in ihrem Namen auf die Tradition des *Risorgimento* bezog, hatte den Sturz des Faschismus, die Errichtung einer Republik und eine tiefgreifende Umwandlung der italienischen Gesellschaft zum Ziel. »Die Liquidierung des Faschismus darf nicht bei der Oberfläche des Regimes haltmachen, sondern muß, und zwar *von Anfang an*, die ökonomischen und strukturellen Wurzeln mit einbegreifen«, schrieb Anfang 1944 einer ihrer Exponenten.

Natalia blieb in Pizzoli und ging weiter jeden Tag mit den Kindern in der Sonne zur Wiese »vom toten Pferd«. Sie vermißte Leone und ihre Mutter: »Meine Seele war voll traurigster Vorahnungen.«

Leone verbrachte einige Wochen in Turin und übernahm dann Anfang September 1943 die Leitung der römischen Filiale des Einaudi-Verlags und der römischen Gruppe des *Partito d'azione*. Es wurde bald klar, daß die vom König eingesetzte Regierung unter General Badoglio keinerlei Absicht hegte, mit den verschiedenen demokratischen Kräften zusammenzuarbeiten. In den 45 Tagen dieser Regierung bis zur bedingungslosen Kapitulation gegenüber den Alliierten am 3. September, die erst am 8. September bekanntgegeben wurde, blieb Italien mit Nazi-Deutschland verbündet, und auch die faschistischen Rassengesetze blieben in Kraft.

»Dann kam der Waffenstillstand, der kurze Freudentaumel des Waffenstillstands; und dann, zwei Tage später, die Deutschen. Auf der Straße fuhren deutsche Lastwagen, die Hügel und das Dorf waren voller Soldaten. Im Hotel waren Soldaten, auf der Terrasse, unter der Pergola und in der Küche. Das Dorf war vor Angst wie versteinert. Auf der Straße traf ich immer die anderen Internierten, und mit dem Blick fragten wir einander stumm, wohin wir gehen und was wir tun sollten.«

Einen Tag nach Bekanntgabe der italienischen Kapitulation hatten deutsche Fallschirmspringer Mussolini befreit, der die *Soziale Republik Italien*, ein von den Nazis dominiertes Marionettenkabinett, mit Sitz in Salò am Gardasee gründete. Der Großteil der italienischen Armee wurde inhaftiert oder in deutsche Arbeitslager deportiert. Am gleichen Tag landeten die Alliierten auf dem Festland bei Salerno. Der beinahe zwei Jahre dauernde Kampf der Befreiung Italiens begann. Die deutschen Truppen rächten sich auf ihrem Rückzug mit unerhörter Brutalität für den, wie sie es nannten, italienischen »Verrat«. Italien wurde ein geteiltes, besetztes Land. Es war erschöpft und kriegsmüde und wurde nun selbst Kriegsschauplatz.

Deutsche Fallschirmspringer in Rom

NATALIA ERHIELT einen besorgten Brief ihrer Mutter, und zum ersten Mal hatte sie das Gefühl, daß diese sie nicht mehr schützen konnte; zu Leone war die Verbindung abgerissen. Erst am 20. Oktober brachte ein Mann ihr einen Brief von ihm. Im Morgengrauen des 16. Oktober hatten die Deutschen die Juden aus dem Römischen Ghetto deportiert. Leone beschwor Natalia, sie solle Pizzoli verlassen, da die deutschen Soldaten überall mit Hilfe der noch agierenden faschistischen Polizei Jagd auf die Juden machten. Sie seien im Dorf als Juden bekannt, es gebe keine Möglichkeit, sich zu verstecken.

Wie sollte sie mit den drei kleinen Kindern fortkommen? Natalia war ratlos. Die Dorfbewohner halfen ihr, und die Besitzerinnen des Albergo Vittoria erzählten den bei ihnen einquartierten Soldaten, Natalia sei eine Verwandte aus Neapel, die bei einem Bombenangriff ihre Papiere verloren habe und nach Rom müsse. »So stieg ich eines Morgens auf einen deutschen Lastwagen, und die Leute kamen, um meine Kinder zu küssen, die sie hatten heranwachsen sehen, und wir verabschiedeten uns.« Vor Rom waren die Straßen vermint. Natalia stieg mit den Kindern in einen Zug um. Der Zug wurde bombardiert, aber schließlich erreichten sie Rom, den kleinen Bahnhof am Piazzale Flaminio. Froh liefen die beiden Buben ihrem Vater in seinem hellen Regenmantel entgegen, während Natalia lächelnd Alessandra auf dem Arm hielt. »In Rom angekommen, atmete ich auf und glaubte, nun würde eine glückliche Zeit für uns anbrechen. Ich hatte nicht viele Anhaltspunkte, um das zu glauben, aber ich glaubte es. Wir hatten eine Wohnung in der Nähe von Piazza Bologna. Leone gab eine Untergrundzeitung heraus und war nie zu Hause. Sie verhafteten ihn zwanzig Tage nach unserer Ankunft; und ich sah ihn nie mehr.«

In diesen drei Wochen lebten sie unter falschem Namen und gaben sich wegen der Lebensmittelkarten als Bruder und Schwester aus. Leone erkrankte und mußte einige Tage das Bett hüten. Als er wieder aufstehen konnte, sagte er: »Ich muß gehen.« Er kehrte am Abend nicht zurück. Natalia fühlte sich verloren. Sie wartete und wartete, voll Todesangst. »Auf einmal läutete das Telefon. Jemand sagte: ›Frau Ginzburg!‹ und legte sofort wieder auf.« War es eine Warnung oder eine Drohung? Bei Tagesanbruch kam

Adriano Olivetti, sagte ihr, Leone sei in der Untergrunddruckerei in der Via Basento verhaftet worden und sie müsse sofort die Wohnung verlassen, die Polizei könne jeden Augenblick eintreffen. »Mein Leben lang werde ich mich an den großen Trost erinnern, den ich empfand, als ich an jenem Morgen seine vertraute Gestalt vor mir sah, die ich von Kindheit auf kannte, nach all den Stunden der Einsamkeit und Angst. Er hatte das Gesicht von damals, als er zu uns gekommen war, um Turati abzuholen, das atemlose, erschrockene und glückliche Gesicht, das er hatte, wenn er jemand in Sicherheit brachte.« Sie weckte die Kinder, er half ihr, sie anzukleiden, hastig das Nötigste zusammenzupacken, und brachte sie in ein Nonnenkloster an der Via Nomentana.

Leone Ginzburg war am 20. November unter falschem Namen verhaftet und in das Gefängnis Regina Coeli gebracht worden. Nach zehn Tagen wurde er erkannt und in den deutschen Trakt des Gefängnisses überstellt. Von da an erhielt Natalia keine Nachricht mehr von ihm. Er wurde verhört und gefoltert. Ende Januar wurde er auf Betreiben von Emilio Lussu und anderen Mitgliedern des *Partito d'azione* in die Krankenabteilung gebracht. Man hoffte, von dort seine Flucht organisieren zu können. Natalia schöpfte Hoffnung. Sie brachte Essen für Leone ins Gefängnis, besuchen durfte sie ihn nicht. Am 4. Februar, als er blutend aus dem letzten Verhör kam, hörte Sandro Pertini, der sich auch in Regina Coeli befand, wie Leone auf dem Gang sagte: »Man darf später keinen Haß auf die Deutschen haben.« Am Abend schrieb er an Natalia. »Ich bekam den Brief, als er schon tot war. Es war ein Brief ohne Hoffnung, lebend davonzukommen. Leone hat nie gehofft, lebend davonzukommen. Er war ein zweites Mal von den Deutschen geschlagen worden und sie hatten ihm den Kiefer zertrümmert. Es ging ihm schlecht in jener Nacht, und er bat den Krankenwärter, einen Arzt zu rufen. Der Krankenwärter hat aber niemanden gerufen, sondern ihm nur einen Kaffee gegeben. So ist Leone gestorben, und niemand war bei ihm, als er gestorben ist.« Er wurde im Morgengrauen des 5. Februar 1944 tot aufgefunden. Die Todesursache wurde nie ganz geklärt. Er hatte die Folter nicht überlebt.

Mit Andrea (auf dem Arm) und Carlo

NATALIA WAR AUSSER SICH, als sie von Leones Tod erfuhr. Sie schrie und weinte. Aber mit dem Mut einer Antigone verschaffte sie sich Zugang zum Gefängnis, um ihn ein letztes Mal zu sehen. Tot. Hätte man sie erkannt, wäre auch sie vielleicht nicht mehr aus Regina Coeli herausgekommen. Aber das war ihr gleich. »Wenn die Angst lange dauert, verändert sie sich. Sie wird Mut, nein, Gewohnheit. Wenn man zu lange Angst gehabt hat, bleibt einfach keine mehr übrig. Entweder man wird verrückt, oder man tut sich etwas an, oder man hört auf, Angst zu haben.«

Später beschrieb sie die letzte Begegnung mit Leone, ohne ihn dabei zu nennen, in einem Gedicht mit dem Titel »Memoria«, das im Dezember 1944 in einer Sondernummer der Zeitschrift ›Mercurio‹ erschien. Unheilbarer Schmerz, Unbehaustheit, Fremdheit und die Unmöglichkeit, sich mit den Gefühlen der anderen zu identifizieren in der Stadt voller Lichter, als diese nach dem neun Monate langen Alptraum der deutschen Besatzung wieder zum Leben erwacht. Ein Neubeginn, an dem sie, achtundzwanzig, allein und ohne Zukunft, nicht teilhat. Aber das Gedicht sei »stoisch« gewesen, schreibt Cesare Garboli. »Der Schmerz verletzte die Harmonie der Welt nicht und auch nicht das Recht der Welt, zu existieren, sich unverändert zu reproduzieren, sich wegen keines Menschen Tod zu wandeln.«

Die erleuchtete Stadt gehört den anderen
1944-1945

Kurz nach dem Tod Leones nahm Natalia ihre Kinder, verließ Rom und traf sich mit ihrer Mutter in Florenz.

»Wir verweigern uns dem Schmerz: wir fühlen ihn kommen und verstecken uns hinter den Sesseln, hinter den Vorhängen, damit er uns nicht findet.

Doch dann kommt der Schmerz für uns. Wir hatten ihn erwartet, und doch erkennen wir ihn nicht sofort: wir nennen ihn nicht sofort beim Namen. Benommen und ungläubig, voll Vertrauen, daß sich alles wird einrenken lassen, gehen wir in unserem Haus die Treppe hinunter, schließen für immer die Tür: endlos gehen wir auf staubigen Straßen. Sie verfolgen uns, und wir verstecken uns: in Klöstern und Wäldern, in Kornspeichern und Gassen, in Schiffsbäuchen und Kellern. Wir lernen, den erstbesten, der vorüberkommt, um Hilfe zu bitten: wir wissen nicht, ob es ein Freund oder ein Feind ist, ob er uns helfen oder verraten wird: aber wir haben keine Wahl, und für einen Augenblick vertrauen wir ihm unser Leben an. Wir lernen auch, selbst dem erstbesten zu helfen, der vorüberkommt. Und immer noch hegen wir innerlich die Zuversicht, daß wir bald wieder in unser Haus mit den Teppichen und den Lampen zurückkehren; wir werden gestreichelt und getröstet werden; unsere Kinder werden in einem sauberen Schürzchen mit roten Pantoffeln dasitzen und spielen. Wir schlafen mit unseren Kindern auf Bahnhöfen und Kirchenstufen, in Armenunterkünften: wir sind arm, denken wir ohne jeden Stolz; nach und nach verschwindet in uns jede Spur von kindlichem Stolz. Wir haben wirklichen Hunger und frieren wirklich. Angst haben wir keine mehr: die Angst ist in uns eingedrungen und eins geworden mit unserer Müdigkeit: sie ist der abgestumpfte, erinnerungslose Blick, den wir auf die Dinge werfen.«

Über Leones Tod sprach Natalia mit ihrer Mutter kaum. Lidia hatte ihn sehr gern gehabt. Aber Trauer und Schmerz nach außen zu zeigen, lag ihr nicht. Nun galt ihre ganze Fürsorge den Enkelkindern. Sie lebten eine Zeit lang bei Verwandten in Fiesole, doch zu lange an einem Ort zu bleiben, war gefährlich. Natalia ließ ihren Sohn Andrea in der Obhut ihrer Schwester, und für Alessandra, die noch kein Jahr alt war, fand sie einen Platz in einem Kinderheim, wo die Tochter in Sicherheit war. Sie selbst zog mit ihrer Mutter und Carlo, dem Ältesten, in ein Hotel in den Hügeln bei Vallombrosa. Ganz in der Nähe verlief die Frontlinie. Die Deutschen hatten den Befehl, auf dem Rückzug »eine Wüste« zu hinterlassen. Sie wurden von Partisanenverbänden angegriffen und übten grausamste Vergeltung. Die Ausgebombten und Flüchtlinge, die in dem Hotel bei Vallombrosa lebten, waren voll Angst. Auf der Straße vor dem Haus marschierten Soldaten vorbei. »Albergo Panorama«, hörte der fünfjährige Carlo einen mit deutschem Akzent buchstabieren. »Du heißt jetzt Carlo Tanzi«, schärfte die Großmutter ihm ein und schrieb den Namen in Carola Prosperis Buch »Das glücklichste Kind der Welt«, aus dem sie ihm vorlas. »Das Hotel wird geräumt!« schrie einer der Deutschen. »Ihr müßt alle nach Forlì!« Zu Fuß den Apennin überqueren. Wie sollten sie das überstehen? Carlo ging hinauf, um sich die Schuhe anzuziehen. Da rief, nach einem kurzen, heftigen Wortwechsel, ein anderer: »Nein, die Leute bleiben hier!« Aufatmen. Eine kurze Zeit der Ruhe. Dann sahen sie die alliierten Panzer heranfahren. Die Befreiung. August 1944.

»DIE WELT ERSCHIEN nach dem Krieg riesig, unkenntlich und ohne Grenzen.« Nichts war, wie es vorher war. »Mein Vater und meine Mutter wirkten beide gealtert. Schrecken und Unglück ließen meine Mutter schlagartig altern, im Verlauf eines Tages.« Natalias Eltern kehrten ins zerbombte Turin zurück, in die Wohnung mit den zerbrochenen Fensterscheiben in der Via Pallamaglio, die nun Via Morgari hieß.

Natalia dagegen ging einige Wochen nach der Befreiung von Florenz im Oktober 1944 wieder nach Rom und wohnte in einer Waldenser-Pension in der Via Balbo. Sie wollte Arbeit suchen,

Bilder von der Befreiung Roms

Geld verdienen, um ihre Kinder zu ernähren, und fürchtete sich gleichzeitig davor. »Außer meine Kinder aufzuziehen, mit extremer Langsamkeit und Ungeschicklichkeit die Hausarbeiten zu erledigen und Romane zu schreiben, hatte ich in meinem Leben noch nie etwas getan.« Sie wurde im Einaudi-Verlag angestellt und befaßte sich mit der redaktionellen Bearbeitung von Manuskripten und Übersetzungen. Aus Angst vor ihrer »Faulheit« erledigte sie die ihr übertragenen Aufgaben »in fliegender Hast, eingetaucht in totale Isolation und vollkommenes Schweigen«. Sie fühlte sich »wie die Elefanten, die sich zum Sterben verstecken«. Und sie fragte sich auch, ob ihre Tätigkeit im Verlag überhaupt nützlich sei. Doch sie war von Leuten umgeben, die Leone gut gekannt hatten.

Abends schrieb sie. Die Erzählung über die Jahre mit Leone im Exil, »Inverno in Abruzzo« (»Winter in den Abruzzen«), erschien in der Zeitschrift ›Aretusa‹. »Das war die beste Zeit meines Lebens, aber erst jetzt, da sie mir für immer entglitten ist, erst jetzt weiß ich es.« Das Gedicht »Memoria« erschien und galt als »autobiographische Sensation«.

Memoria

Die Menschen kommen und gehen auf den Straßen der Stadt.
Sie kaufen Nahrungsmittel und Zeitungen, haben verschiedene Dinge vor.
Ihre Gesichter sind rosig, die Lippen lebhaft und voll.
Du hobst das Laken, um sein Gesicht zu betrachten,
Beugtest dich hinunter, um es mit gewohnter Geste zu küssen.
Aber es war das letzte Mal. Es war das gewohnte Gesicht,
Nur ein wenig müder. Und der Anzug war derselbe wie immer.
Und die Schuhe waren dieselben wie immer. Und die Hände waren dieselben,
Die das Brot brachen und den Wein eingossen.
Noch heute, während die Zeit verstreicht, hebst du das Laken,
Um sein Gesicht zum letzten Mal zu betrachten.
Wenn du auf der Straße gehst, ist niemand neben dir.
Wenn du dich fürchtest, nimmt niemand deine Hand.
Und die Straße ist nicht deine, die Stadt ist nicht deine.

Die erleuchtete Stadt ist nicht deine, die erleuchtete Stadt
gehört den anderen,
Den Menschen, die kommen und gehen, Nahrungsmittel und
Zeitungen kaufen.
Du kannst ein wenig ans stille Fenster treten,
Und schweigend den Garten im Dunkel betrachten.
Früher war da, wenn du weintest, seine heitere Stimme.
Früher war da, wenn du lachtest, sein gedämpftes Lachen.
Aber das Gartentor, das sich am Abend öffnete, wird für immer
geschlossen bleiben,
Und verwüstet ist deine Jugend, erloschen das Feuer, leer das
Haus.

Sie mußte sich nun nicht mehr hinter dem Pseudonym Alessandra Tornimparte verstecken, sondern zeichnete mit *Natalia Ginzburg.*

ES HERRSCHTE Aufbruchstimmung »nach all den Jahren, in denen es schien, als wäre die Welt verstummt und versteinert«. Der Verlag expandierte und war maßgeblich daran beteiligt, das kulturelle Klima zu prägen und die geistige Lücke zu schließen, die zwanzig Jahre Faschismus hinterlassen hatten. Der Nachholbedarf war enorm. Viele ausländische Bücher wurden übersetzt, unter anderem Franz Kafkas »Amerika«, Jean-Paul Sartres »Die Mauer«, Ernest Hemingways »Fiesta«. Carlo Levis Roman über die Verbannung, »Christus kam nur bis Eboli«, und Italo Calvinos *Resistenza*-Roman »Wo Spinnen ihre Nester bauen« erschienen. »Das Eichhörnchen mit der Feder«, nannte Cesare Pavese in seiner Rezension über dieses Buch den jungen Calvino, der wenige Jahre später zu einem der wichtigsten Mitarbeiter Einaudis werden sollte.

Viele Intellektuelle hatten aktiv am bewaffneten Kampf der *Resistenza* teilgenommen, die Solidarität der Bevölkerung und die untereinander geführten Diskussionen als »Schule der Demokratie« erlebt, und die Schriftsteller unter ihnen (be)schrieben jüngste Geschichte, längst bevor die schwerfällige Maschinerie der offiziellen Geschichtsschreibung in Gang kam. Ihre Erfahrungen hatten Hoffnungen auf mögliche soziale Gerechtigkeit geweckt und inspirierten manche im Überschwang zu idealistischen Darstellungen,

Utopien, die sich bald als »hochherzige Täuschungen«, wie Elio Vittorini es nannte, erweisen sollten.

»Es gab damals zwei Arten zu schreiben«, so Natalia Ginzburg, »eine war die einfache Aufzählung von Fakten, einer grauen, regnerischen, kargen Wirklichkeit auf der Spur; die andere ein Sich-einmischen in die Fakten mit Gewalt und Tränenseligkeit, heftigem Seufzen und Schluchzen. Der gemeinsame Fehler war zu glauben, alles könne in Dichtung und Wörter umgesetzt werden.« Aber es zeigte sich, daß die Wirklichkeit »vielschichtig und geheim, unentzifferbar und dunkel« blieb und der allgemeine Freudentaumel, »die fröhlichen Weinlesen der ersten Zeit« eine Illusion gewesen waren. »Es war nötig, die Wörter wieder auszuwählen, sie genau zu betrachten, um zu fühlen, ob sie falsch oder wahr waren, ob sie echte Wurzeln in uns hatten oder nur der gemeinsamen Illusion entsprangen.«

Vittorini, der in Mailand für Einaudi arbeitete und die Zeitschrift ›Il Politecnico‹ gründete, forderte die Leser auf, Erfahrungsberichte zu schicken, da er glaubte, der Dialog zwischen Intellektuellen und Bevölkerung könne eine aktive Bewußtseinsbildung auf breiter Ebene auslösen. Auch Natalia las die eingehenden Manuskripte. Viele waren unglaublich kitschig oder mißlungen und plump, manche fand sie aber auch rührend in ihrer Naivität.

Während sie jeden Tag mit dem Fahrrad ins Büro fuhr, stiegen Erinnerungen in ihr auf. Sie dachte an die Zeit der deutschen Besatzung, als sie mit Leone im Untergrund lebte, an seine Verhaftung, an ihre Angst, daran, wie sie bei ihren Gängen zum Gefängnis durch die zerlöcherten Schuhe »die Kälte des Pflasters an den Fußsohlen spürte« in jenem »eiskalten Februar« 1944.

Die Verlagsmitarbeiter – die »Gruppe, die zusammen arbeitete und dachte« – umsorgten sie, und Natalia zog aus der Pension zu einer Freundin ins Stadtviertel Prati. Abends unterhielten sie sich oft bei bitterem schwarzen Tee – Zucker war so kurz nach dem Krieg kaum zu bekommen. Darüber, wie die Zukunft aussehen sollte. Über die Schwierigkeit, sich überhaupt wieder eine Zukunft vorzustellen. Über die Nutzlosigkeit von Müttern, sowie die Kinder aus dem Säuglingsalter heraus sind. Über die Notwendigkeit, allein mit dem Schmerz zurechtzukommen.

In ihrem Unglück empfand Natalia den Verlag als Zufluchtsort. Und sie liebte Rom auch – die Stadt, wo sie Leone zum letzten Mal gesehen und verloren hatte, wo sie selbst mit ihren Kindern, in einem Kloster versteckt, die Besatzung überlebt hatte. Wenn sie spät, nach dem Abendessen in der Trattoria, mit den Freunden noch durch die stillen Straßen ging oder sich auf eine Piazza setzte, wirkte die Stadt, in der die Luft auch im Winter oft unerwartet lau sein konnte, wie ein Dorf, und manchmal roch es wie auf dem Land.

Mit Gabriele Baldini

An einem dieser Abende lernte sie Gabriele Baldini kennen, einen jungen Mann aus der römischen Bourgeoisie, der aussah »wie der Schauspieler Robert Donat«; schmal und schlank, in kariertem Flanellhemd, mit weichem Schnauzbart. Er begleitete sie auf der Via Nazionale nach Hause, sie unterhielten sich wohlerzogen über dies und das, »und er schien mir ein Junge zu sein, der Lichtjahre von mir entfernt ist. Ich fühlte mich schon sehr alt, voller Erfahrungen und Fehler.«

IM SOMMER 1945 begann sie eine Psychoanalyse. »Ich hätte mich fühlen müssen wie eine Kranke beim Arzt. Aber ich fühlte mich nicht krank, nur voll dunkler Schuld und Verwirrung.« Einige Monate schrieb sie jeden Tag vor der Stunde hastig in einem Café ihre Träume auf und kam sich dabei vor wie eine Schülerin. Dann ging sie hinauf, setzte sich dem Analytiker gegenüber und sprach mit ihm. »Nie erloschen die Ironie und eine tiefe Aufmerksamkeit in seinem Blick. Das Licht seiner Intelligenz erhellte mich in jenem schwarzen Sommer.« Am Ende des Sommers beschloß sie, wieder nach Turin zu gehen. Sie hatte Sehnsucht nach ihren Kindern, wollte wieder mit ihnen leben. »Ich hatte mich nicht von meinen Neurosen befreit, ich hatte einfach gelernt, sie zu ertragen, oder hatte sie schließlich vergessen.«

IM HERBST zog sie um, zu ihren Eltern, die ihr einen Teil der Wohnung überließen. Im Viertel lagen viele Häuser in Trümmern. Aber an ihrem Haus waren die Bombenschäden schon halbwegs repariert, die zerbrochenen Fensterscheiben ersetzt, und auch die Heizung funktionierte wieder. Der »wattierte, froststarrende Winter«, nach dem sie sich in Rom gesehnt hatte, konnte kommen.

Die Gruppe, die zusammen arbeitete und dachte
1946-1948

Natalia arbeitete jetzt im Turiner Sitz des Einaudi-Verlags, der vorübergehend von Massimo Mila geleitet wurde, da Cesare Pavese, unterdessen Programmdirektor, sich 1945 und 1946 zweimal längere Zeit in Rom aufhielt. Jeden Morgen wurde ein Mattinale verfaßt, eine Art täglicher Lagebericht, der alle wichtigen Vorkommnisse, aber auch manchmal kontroversen literarischen Meinungsaustausch enthielt und per Kurier zwischen den drei Verlagsbüros in Turin, Mailand und Rom hin und her geschickt wurde. So verlor man keine Zeit am Telefon.

Giulio Einaudi

Einaudi betonte darin die Notwendigkeit einer »brüderlichen Eintracht zwischen Turin, Mailand und Rom, um eine geschlossene progressive kulturelle Front ohne Sektierertum zu bilden, die der Mitarbeit jedes aufrichtigen Demokraten offensteht«.

Natalia schrieb zu konkreten Projekten: »Ich habe Carlo Emilio Gadda nach ›Die gräßliche Bescherung in der Via Merulana‹ gefragt. Er hatte es schon halb dem Verlag Longanesi versprochen, aber er ist zufrieden, sehr zufrieden, es doch uns zu geben. Man muß ihm schreiben.« Und weiter: »Pratolini ist Ende 1949 frei. Er freut sich, uns ein Buch zu geben. Man muß ihn sich warmhalten. Landolfi. Auch ihn habe ich um ein Buch gebeten. Er hat keins parat. Aber ich habe den Eindruck, daß er Millionen verlangen würde.« Sie war berühmt für ihre knappen Urteile: »Fürst will ›Ulysses‹ von Joyce übersetzen. Aber man sagte mir, daß Mondadori die Rechte hat, und außerdem ist Fürst sowieso eine alte Hure.« Und bescheiden: »Da ich nicht viel Verlegerisches getan habe, will ich nicht, daß mir die Spesen gezahlt werden.«

Pavese traf aus Rom seine Anordnungen: »Natalia soll eine recht sanfte weibliche Note in jene rauhe Atmosphäre des Corso Re Umberto bringen, denn die minderen Frauen haben nicht genügt, diese aufzulockern... Du [Massimo Mila] und Natalia, ihr gehört beide zur Kampfgruppe... Ich bin, nachdem ich meinen Eintritt in die Kommunistische Partei endgültig geregelt habe, um so mehr imstande, den Turiner Verlag, den ich von Geburt an als mein Lehngut betrachte, zu stützen und zu verteidigen... Ich muß aber auch meinem ›Ressentiment‹ gegen Vittorini, Balbo und Natalia Luft machen, die sich – während ich wie ein Maulesel aus den Langhe den Karren ziehe – wohlgefällig erwärmen für ausgedehnte humanistische Muße und für die Entdeckung des ›Menschen‹.«

Felice Balbo, ein Mitarbeiter, »der die Büros durchwanderte«, war Katholik und Kommunist. Unter seinem Einfluß war Natalia in die Kommunistische Partei eingetreten. Er glaubte, das würde sie aus ihrer Isolation befreien. Es gab im Einaudi-Verlag eine Kommunistische Betriebszelle, und Balbo ermunterte sie, regelmäßig an den Versammlungen teilzunehmen, die ihr doch nur »langweilig und traurig« vorkamen.

Zum ersten Mal seit dem Krieg, der Flucht und den erzwungenen Trennungen hatte Natalia wieder ein Zuhause zusammen mit ihren Kindern. Wenn sie morgens ins Büro eilte, gingen die Kleinen zur Großmutter hinüber, die sie vergötterte. »Zum Glück habe ich meine Kinder!« sagte sie und Natalia runzelte die Augenbrauen: es waren ja *ihre* Kinder. Aber sie hatte sich schon wieder daran gewöhnt, daß ihre Mutter sich um alle praktischen Dinge kümmerte. Und im Sommer fuhren ihre Mutter und ihr Vater mit den Kindern ins Gebirge, während sie bis auf wenige Tage, in denen der Verlag schloß, in Turin blieb.

In Rom hatte sie die Gewohnheit entwickelt, oft bis spät in die Nacht zu schreiben. Jetzt verbrachte sie die Abende meistens bei den Balbos. Felice Balbo war ihr wichtigster Gesprächspartner,

oben: Mit ihren Kindern Andrea, Carlo und Alessandra im Aostatal, 1947
links: Natalias Eltern in den Alpen

obgleich er ihre Dinge nicht systematisch las und seine praktischen Ratschläge gänzlich unbrauchbar waren. »Du bist oberflächlich«, warf sie ihm manchmal verärgert vor. Aber sie konnte gar nicht genug davon bekommen, wenn er über ihr Schreiben sprach. Er verstand sie in ihrem Wesen, und ein Blick auf einen Text genügte ihm, um seinen Wahrheitsgehalt zu erfassen. Das wußte sie.

Natalia begann im Morgengrauen aufzustehen, um schreiben zu können, wenn alles noch still war, und diese Gewohnheit behielt sie bis an ihr Lebensende bei. Sie warf einen Blick auf die schlafenden Kinder und setzte sich dann mit Papier und Kugelschreiber aufs Sofa. Sie schrieb Artikel für ›La Stampa‹, ›L'Unità‹ und andere Zeitungen, und wieder Erzählungen. Auch im Verlag, wo sie mit Cesare Pavese, der unterdessen aus Rom zurück war, in einem Zimmer saß, arbeiteten sie oft an den eigenen Werken. Pavese, die Pfeife im Mund, schrieb, strich das gerade Geschriebene wieder aus, raufte sich die Haare. Zur Erholung las er zwischendurch in lautem Singsang Verse aus der »Ilias«, auf griechisch. Natalia schrieb manchmal dieselbe Seite zwanzigmal, aber am Entwurf änderte sie nie etwas. Beide waren sie auf der Suche nach einer neuen Sprache, die alte war durch zwanzig Jahre Faschismus hohl und unbrauchbar geworden, »Münze außer Kurs, die keiner mehr annimmt«. Die neue Sprache mußte lapidar sein, klar, der Wirklichkeit entsprechen. »Nicht lügen und nicht zulassen, daß andere lügen, das ist das einzig Gute, was uns der Krieg gebracht hat.«

Wenn Besucher kamen, knurrte Pavese unwirsch: »Ich habe zu tun. Wir brauchen keine neuen Ideen! Die Projekte stehen uns bis zum Hals!« Felice Balbo dagegen empfing Besucher mit Begeisterung, war offen für ihre Ideen und diskutierte leidenschaftlich.

Giulio Einaudi, der Verleger, der früher so schüchtern gewesen war, wappnete sich mit einer eisigen, undurchdringlichen Miene, wenn Unbekannte kamen, die ihm Vorschläge unterbreiten wollten. »Seine Schüchternheit war eine Kraft geworden, an der die Fremden abprallten wie geblendete Falter an einer Lampe.« Verunsichert, ob ihre Pläne etwas taugten, erhoben sie sich nach der Unterredung, während er innerlich schon sicher sein Urteil gefällt hatte.

Unterlief bei der Arbeit jemandem ein Fehler, war es Brauch, vor versammelter Runde Selbstkritik zu üben und die Fehler laut zu analysieren. »Wir häuften Fehler auf Fehler; und die Selbstkritik überlagerte die Fehler, verflocht sich, ja verschmolz mit ihnen, so wie in einer Oper die Musik eins wird mit den Worten, ihren Sinn verdunkelt und sie in ihrem Siegesrhythmus davonträgt.«

IM MÄRZ 1946 publizierte die Zeitschrift ›Darsena nuova‹, die in Viareggio herauskam, Natalias Erzählung »Estate« (»Sommer«). In der Ich-Form schildert eine Frau ihren trostlosen Seelenzustand: Sie will nicht mehr wie eine Frau leben, will überhaupt nicht mehr leben und unternimmt schließlich einen Selbstmordversuch. Doch die Nachricht, ihre Kinder seien erkrankt, holt die Erzählerin ins Leben zurück. Sie nimmt den nächsten Zug: »Die Stirn an die Scheibe gelehnt, sah ich zu, wie sich die Stadt entfernte, sie hatte keinerlei böse Macht mehr, war kalt und unschädlich wie erloschene Glut. Die alte, bekannte mütterliche Angst tobte in mir mit dem Lärm des Zuges und riß wie ein Wirbelsturm die Schlaftabletten und die Elefanten fort, während ich mich voll Staunen wunderte, wie ich mich nur einen ganzen Sommer lang für so nichtige Dinge hatte interessieren können.«

Im selben Jahr erschien bei Einaudi ihre Übersetzung der ersten beiden Bände von Prousts »Auf der Suche nach der verlorenen Zeit«. Bei der Flucht aus Pizzoli hatte sie das Manuskript zurücklassen müssen, aber jemand hob es für sie auf. Sie fuhr nach dem Krieg in das Dorf zurück, holte es und beendete die Arbeit daran in Turin. »Wovon handelt das Buch eigentlich, Mama?« fragten die Kinder. »Es geht«, antwortete Natalia, so wie ihre Schwester Paola es ihr erzählt hatte, als sie noch klein war, »um einen kleinen Jungen, der nicht einschlafen konnte, wenn seine Mutter nicht kam, um ihm einen Gutenachtkuß zu geben.«

SIE HATTE WIEDER angefangen, an einem eigenen Text zu arbeiten, weil sie hoffte, im Schreiben ein wenig Trost zu finden. Es entstand der kurze Roman »E'stato così« (»So ist es gewesen«), den sie fast ganz in ihrem Büro im Einaudi-Verlag schrieb. Das Buch beginnt mit einer Verzweiflungstat: »Ich wollte schreiben und fand einen Pistolenschuß und ging ihm nach.« Mit leiser Stimme, am Ende ihrer Kraft, erzählt eine junge Frau, nachdem sie auf der ersten Seite ihren Mann Alberto erschossen hat, die Geschichte ihrer ausweglosen Beziehung: Heirat ohne große Liebe, Untreue des Mannes, Geburt eines Kindes, das ein Trost zu sein schien, Tod des Kindes, Unfähigkeit des Mannes, ihr nach dem Verlust Halt zu geben und sich aus seinen alten Bindungen zu lösen. Übrig bleibt eine hoffnungslose junge Frau, die jede Orientierung verloren hat und keine Möglichkeit zum Weiterleben für sich sieht. Als Gegenfiguren entwirft Natalia Ginzburg in dieser Erzählung voller »Rauch, Regen und Nebel« die Cousine Francesca, die aus der Familie ausbricht und ihr Recht auf sexuelle Freiheit und finanzielle Unabhängigkeit fordert, die Geliebte des Mannes, Giovanna, die gleichzeitig ganz selbstverständlich eine bürgerliche Ehe führt, und Augusto, der im Schreiben eine Überlebensmöglichkeit findet.

»Wenn du nicht so unglücklich wärst, hättest du ein schöneres Buch geschrieben«, sagte ein Freund zu ihr, als »So ist es gewesen« 1947 bei Einaudi erschien. Natalia erwiderte nichts. Innerlich stimmte sie ihm zu. Das Unglücklichsein lähmte die Erfindungskraft, fand sie, »man schreibt dann nur, was ist«. Sich mit Schreiben zu trösten, war unmöglich. Man durfte beim Schreiben keinen persönlichen Zweck verfolgen.

»Bestimmt werden manche die Nase rümpfen, die Täuschung riechen, sagen, es sei Rhetorik. Es sind die, die es nicht verstehen, sich im Spiegel zu betrachten, die es nicht verstehen, der eigenen Stimme zu lauschen und den eigenen Gesten zu folgen«, schrieb der Schriftsteller Oreste Del Buono in seiner Rezension über »So ist es gewesen«. »Wenn ihre Leser sie sprechen hörten, sie sich bewegen und gehen sähen, würden sie verstehen, daß Schreiben für sie dasselbe ist wie Leben. Die geschilderten Begebenheiten sind nie ihre Autobiographie im üblichen Sinn des Wortes, denn es gibt keine Frau, die sich weniger als sie für ein ›wichtiges Problem‹ hält. Natalia Ginzburg ist demütig und fühlt sich manchmal ein bißchen wie ein ›Paria‹, wie sie sagt. Die Fantasie ist für sie die Fortführung des Lebens. Aber die Tatsachen zählen nicht, wichtig ist der Gesang des Lebens.«

AM 18. APRIL 1948 sollten Wahlen stattfinden. Wie viele andere Schriftsteller und Intellektuelle sprach Natalia für die KPI bei öffentlichen Wahlkundgebungen und in Fabriken. Aber vor Publikum zu reden war ihre Stärke nicht, sie verhaspelte sich und las ihren Text vor lauter Angst so schnell, daß sie viel zu früh fertig war. Ihr Vater wurde gebeten, für die Volksfront, das Wahlbündnis von Kommunisten und Sozialisten, zu kandidieren. Er trat einmal als Wahlredner auf und begann seine Rede zum Erstaunen der Zuhörer mit den Worten: »Die Wissenschaft ist die Suche nach der Wahrheit.« Natalias Mutter dagegen hatte keine Sympathien für die Kommunisten. »Ich bin weder rechts noch links«, sagte sie, »ich bin für den Frieden.«

Die Volksfront unterlag bei den Wahlen, und damit begann die über vierzigjährige Herrschaft der *Democrazia Cristiana* in Italien.

Im selben Jahr schickte Elsa Morante an Natalia das Manuskript ihres neuen Romans »Lüge und Zauberei«. Natalia, die bei Einaudi die zeitgenössischen Autoren betreute, las es und gab es begeistert an Pavese weiter. Der Verlag entschloß sich sofort zur Veröffentlichung. Elsa hatte das Originalmanuskript geschickt und keine Kopie davon, da ihr das Papier ausgegangen war. Zur Korrektur der Druckfahnen kam sie nach Turin und wohnte während ihres Aufenthalts bei Natalia, deren Eltern sich auf einer längeren Auslandsreise befanden. Sie bekam Nesselfieber, von den Druckfehlern, sagte sie. So saßen die beiden Stunden um Stunden im Zimmer von Natalias Mutter auf dem Bett und arbeiteten dort am Text. Sie waren als Frauen und als Schriftsteller – Elsa wurde wütend, wenn man sie als Schriftsteller*in* bezeichnete – überaus gegensätzlich und verstanden sich gerade deshalb ausgezeichnet. Ab und zu sahen die Kinder herein, froh über den Besuch und darüber, daß ihre Mutter ausnahmsweise so viel zu Hause war.

Im November 1948 schrieb Natalia die Erzählung »La madre« (»Die Mutter«). Aus der Perspektive der Kinder, die hauptsächlich von der Großmutter erzogen werden, wird darin die Geschichte einer jungen Witwe geschildert: wie sie aufsteht, zur Arbeit eilt, sich heimlich mit einem Mann trifft und schließlich ihrem Leben in einem Hotelzimmer ein Ende setzt.

Die beiden Erzählungen »Sommer« und »Die Mutter« lassen etwas von der Bedrängnis erkennen, mit der Natalia Ginzburg darum rang, nach dem Verlust von Leone eine neue, eigene Lebensform für sich zu finden. Sie kämpfte gegen die Verzweiflungsanfälle und wußte, daß es vielen Frauen so ging. »Die Frauen haben die schlechte Angewohnheit, ab und zu in einen tiefen Brunnen zu fallen, sich von einer unheimlichen Schwermut erfassen zu lassen und darin unterzugehen und zu zappeln, um wieder aufzutauchen.« Ein Problem, das die Männer nicht hätten, meinte sie, da sie viel selbstbewußter und nicht durch zweitausend Jahre Unterdrückung belastet seien. Sich dennoch, trotz dieser »schlechten Angewohnheit«, den wesentlichen Dingen zu widmen, darin sah sie die Herausforderung.

Sie unternahm mit ihrer Schwester Paola eine Reise nach Rom. Im berühmten Café Greco trafen sie Cesare Garboli. Schon seit er 1944 im ›Mercurio‹ das Gedicht »Memoria« gelesen hatte, war der kaum zwanzigjährige Garboli neugierig darauf, Natalia Ginzburg kennenzulernen. Eine Freundin seiner Mutter, Maria Segre, dieselbe, die Leone aufgezogen hatte, antwortete auf seine Frage, wie sie denn sei: »Natalia? Ein Geschöpf Leones!« Als sie das Café betrat, war er von ihrer Erscheinung beeindruckt: eine gepflegte junge Frau mit starker weiblicher Ausstrahlung, sehr ernst und aufmerksam, fast düster. Ihre Gestalt blieb ihm ebenso unauslöschlich in Erinnerung wie zuvor ihre Verse, obwohl er sie dann für zehn Jahre wieder aus den Augen verlor. Eine »biblische Sarah«, die unerschütterlich mit ihren Kindern weitergezogen war, auch als die Welt rund um sie zerbrach.

Mit Freunden fuhr sie zu einem Treffen ehemaliger Partisanen. Kaum war sie aus dem Auto gestiegen, ging ein Blitzlichtgewitter los: die Photographen hatten sie im ersten Augenblick für Anna Magnani gehalten. Die schüchterne Natalia wich einen Schritt zurück. Dann lachte sie. Anna Magnani spielte in den neorealistischen Nachkriegsfilmen die römische Frau aus dem Volk, die sich nicht einschüchtern läßt und unbeirrbar, als Frau, bei der es zwischen Denken, Fühlen und Handeln keine Spaltung gibt, gegen Übergriffe und Unrecht kämpft. Vielleicht hatten die Photographen eine innere Ähnlichkeit gesehen.

Nach »Die Mutter« schrieb sie eine Zeitlang nichts. Als junges Mädchen hatte sie unausgesetzt an ihr Schreiben gedacht. Ständig waren ihr Ideen für Erzählungen durch den Kopf geflattert. Jetzt widmete sie sich mit aller Kraft ihrer Tätigkeit als Lektorin. Giulio Einaudi, den sie wegen seines untrüglichen Gespürs für den »idealen Verleger« hielt, schätzte sie sehr. Er bezeichnete sie als das »kritische Gewissen« des Verlags.

Ein Wirbelsturm
1949-1951

Im September 1949 fuhr Natalia zu einem Treffen des PEN-Clubs nach Venedig, wo zur gleichen Zeit die Filmfestspiele stattfanden. Dort traf sie Gabriele Baldini wieder. Ihre erste Begegnung mit ihm lag vier Jahre zurück. Er war inzwischen dreißig Jahre alt und »glich nicht mehr Robert Donat, sondern eher Balzac«. Er hatte zugenommen, trug jetzt einen Vollbart und auf dem Kopf einen zerknautschten Hut, lief aber immer noch in karierten Flanellhemden herum. »Alles an ihm schien auf seine bevorstehende Abreise zum Nordpol hinzudeuten.« Auf Wunsch seiner Familie war er Anglist geworden statt Dirigent, wie er vorgehabt hatte. Er unterrichtete englische Literatur in Triest. Doch seine Neigung galt der Musik, dem Kino, und er arbeitete auch als Kritiker und Schriftsteller. Seine Vielseitigkeit und Offenheit zogen Natalia an.

Im Spätherbst schrieb sie einen Essay mit dem Titel »Il mio mestiere« (»Mein Beruf«), in dem sie ihr Verhältnis zum Schreiben von Kindheit an skizzierte und ihre Einseitigkeit betonte: »Mein Beruf ist das Schreiben, das weiß ich genau und seit langer Zeit... Wenn ich irgend etwas anderes tue, eine Fremdsprache lerne, versuche, Geschichte oder Geographie oder Stenographie zu lernen oder vor Publikum zu sprechen oder zu stricken oder zu reisen, leide ich... Wenn ich dagegen Geschichten schreibe, fühle ich mich zu Hause. Ich könnte mir mein Leben ohne diesen Beruf gar nicht vorstellen. Er war immer da, nie hat er mich auch nur einen Augenblick verlassen, und wenn ich glaubte, er schliefe, sah mich doch sein wachsames, leuchtendes Auge an.« Über den Wert dessen, was sie schreibe, wisse sie nichts, fuhr sie fort, es mache ihr auch nichts aus zu denken, sie sei ein ganz kleiner Schriftsteller. »Ich schwöre es.« Nur mit anderen vergleichen wolle sie sich nicht, sondern lieber denken: »Niemand ist je so gewesen wie ich.«

Gabriele Baldini besuchte sie in Turin. Es war wie »ein Wirbelsturm«. Er ging mit Natalia und den Kindern in die Oper, »mit diesen kleinen Kindern in den ›Tannhäuser‹«, und sang ihnen zu Hause Arien vor. Natalias Mutter mochte ihn, die Musik verband sie. Der Vater war wie immer skeptisch.

Dann unterrichtete Gabriele eine Zeitlang in Turin, und die Kinder merkten, daß sie ihre Mutter nicht mehr nur mit der Arbeit teilen mußten. Eines Tages eröffnete sie ihnen, daß sie und Gabriele beschlossen hatten zu heiraten. Diesmal zweifelte sie nicht, ob es sich um »die richtige Person« handle. »Nach einer glücklichen Ehe weiß man genau, wie eine Verbindung aussehen muß, um gutzugehen, und es besteht keine Gefahr, sich zu irren. Das Wichtige ist, niemals etwas zu verleugnen, jeden Prüfstein aus dem Weg zu räumen.«

Natalias Vater reiste nach Rom, um die Eltern seines zukünftigen Schwiegersohns kennenzulernen. Als sich herausstellte, daß die beiden Familien gemeinsame Bekannte hatten, war das Eis gebrochen.

Die Hochzeit fand im Frühling 1950 in Turin statt. Natalia trug einen großen Hut. Ihr Sohn Carlo und ihre Tochter Alessandra waren bei der katholischen Trauung dabei. Andrea dagegen sagte: »Ich kann nicht kommen, wir schreiben heute einen Schulaufsatz.«

Vorerst änderte sich nicht allzu viel. Gabriele zog aus dem Hotel, wo er vorher wohnte, zu Natalia und den Kindern. Sie behielt den Namen ihres ersten Mannes – »das störte Gabriele nicht« – und ging weiter ihrer Arbeit im Verlag nach. Wie immer fanden am Mittwochabend die Besprechungen statt, auf denen Projekte diskutiert und Entscheidungen getroffen wurden.

Aber ihr liebster Kollege und Freund, Felice Balbo, der sie schon einige Zeit vor der Hochzeit bewogen hatte, sich taufen zu lassen, war inzwischen mit seiner Frau nach Rom gezogen.

PAVESE HATTE NUN ein Zimmer für sich allein, zog sich immer mehr zurück und geizte sogar mit bissigen Kommentaren. Er war auf dem Hohepunkt seines Ruhms als Schriftsteller. Im Juni 1950 bekam er die Mitteilung, daß ihm für seinen Roman »Der schöne Sommer« der *Premio Strega*, die höchste literarische Auszeichnung Italiens, zugesprochen worden sei. Doch er war wieder einmal in eine aussichtslose unglückliche Liebe verstrickt und brummte nur: »Das habe ich schon vor fünf Jahren gewußt.« Wie immer hatte er alles längst vorausgesehen. »Im Umgang mit uns, seinen Freunden, hatte er stets einen ironischen Grundton. Doch er verstand es nie, diese Ironie, die vielleicht zu seinen schönsten Eigenschaften gehörte, auf die Dinge zu übertragen, die ihm am Herzen lagen, nicht auf seine Beziehungen mit den Frauen, in die er sich verliebte, und nicht auf seine Bücher. Er zeigte sie nur in der Freundschaft, weil Freundschaft in ihm ein natürliches und in gewisser Weise gedankenloses Gefühl war, etwas, dem er keine übermäßige Wichtigkeit beimaß. In die Liebe und ins Schreiben stürzte er sich in einem Seelenzustand solchen Fiebers und solch kalkulierter Bewußtheit, daß er nie darüber lachen und nie ganz er selbst sein konnte.«

Cesare Pavese

Er fuhr zur Preisverleihung nach Rom und wirkte wie ausgewechselt: er lächelte sogar. Aber in ihm sah es düsterer aus denn je.

»Pavese brachte sich in einem Sommer um, als niemand von uns in Turin war. Er hatte die Umstände, die seinen Tod betrafen, vorbereitet und kalkuliert wie einer, der den Verlauf eines Spaziergangs oder eines Abends vorbereitet und festlegt. Er hatte jahrelang davon gesprochen, sich umzubringen. Niemand glaubte ihm.« Nun hatte er es doch getan. In einem Hotel in der Nähe des Bahnhofs in Turin hatte er Ende August 1950 eine Überdosis Schlaftabletten genommen. Auf dem Nachttisch lag eine Ausgabe seiner »Gespräche mit Leuko«. Auf die erste Seite hatte er geschrieben: »Ich verzeihe allen und bitte alle um Verzeihung. Gut so? Macht nicht zuviel Geschwätz.«

Natalia kehrte sofort aus dem Urlaub nach Turin zurück. Mit Paveses Tod verlor sie ein Stück ihrer eigenen Vergangenheit, er war Leones bester Freund gewesen. Und einer ihrer besten Freunde. »Kurz nach seinem Tod gingen wir in die Hügel. In der Landschaft am Rand der Stadt, die er liebte, sahen wir die Septembernacht heraufziehen. Wir waren alle sehr befreundet und kannten uns seit vielen Jahren; Menschen, die immer zusammen gearbeitet und gedacht hatten. Wie es geschieht, wenn man sich mag und von einem Unglück betroffen worden ist, versuchten wir nun, uns noch mehr zu mögen und uns gegenseitig zu umsorgen und zu beschützen; denn wir fühlten, daß er uns auf geheimnisvolle Weise immer umsorgt und beschützt hatte. Er war dort am Wegrain auf den Hügeln gegenwärtiger denn je.«

1951 ERSCHIEN IN der Zeitschrift ›Cultura e realtà‹ der Aufsatz »Silenzio«, Natalias mahnender, moralischer Essay über das Schweigen als »eines der seltsamsten und schwerwiegendsten Laster unserer Zeit«. Begonnen habe das Schweigen als Protest und Empörung gegen die großen Worte der Eltern. Dann sei es unüberwindlich geworden. »Die neuen Worte haben keinen Wert. Sie sind nicht brauchbar, um Beziehungen herzustellen, sind wassergleich, kalt und unfruchtbar. Wir können mit ihnen keine Bücher schreiben, keine geliebte Person an uns binden, keinen Freund retten.« Auch das Schuldgefühl, aus dem ein Gefühl von Panik entstehe, gehöre zu den Lastern unserer Zeit. »Und wer sich erschreckt und schuldig fühlt, schweigt.« Sie schrieb auch gegen das Schweigen in sich selbst: »Es ist klar, daß wir kein Recht haben, unsere eigene Person zu hassen, kein Recht, unserer Seele unsere Gedanken zu verschweigen.« Zwar könne man nicht wählen, glücklich oder unglücklich zu sein. »Aber man muß wählen, nicht *teuflisch* unglücklich zu sein. Das Schweigen kann in eine verschlossene, monströse, *teuflische* Unglücklichkeit münden: die Tage der Jugend welk, das Brot bitter machen.« Es sei die Pflicht eines jeden, dagegen anzukämpfen.

SIE FUHR OFT nach Rom, um ihren Mann zu sehen, der inzwischen dort arbeitete. Manchmal besuchten sie zusammen die Balbos, mit denen auch Gabriele sich angefreundet hatte, und sprachen über frühere Zeiten. »Weißt du noch, wie wir Selbstkritik übten? Weißt du noch, wie wir Kundgebungen abhielten?«

Als sie im September 1951 einige Wochen in Varigotti in Ligurien am Meer verbrachte, erhielt sie vom Verlag regelmäßig die Protokolle der Mittwochssitzungen und tägliche Briefe, in denen Projekte diskutiert wurden – eine Ausgabe von Grimms Märchen, die weitere Edition von Proust, Überlegungen zu Musil. Sie antwortete detailliert mit Anweisungen, bis sie schließlich telegrafierte: »Nichts mehr schicken. Übermorgen zurück in Turin.«

DORT SCHRIEB SIE wieder eine längere Erzählung, ohne daß ihr vorher »etwas durch den Kopf geflattert« war. Plötzlich stand eine Gestalt vor ihr, aber der Ausgang der Geschichte war noch ungewiß: »Ich wußte vier Dinge von Valentino, daß er Medizin studierte, mit Kätzchen spielte, im Skianzug vor dem Spiegel herumstolzierte und daß er etwas Verborgenes an sich hatte... Erst nach einer Weile ist mir aufgegangen, daß er homosexuell war.«

In der Erzählung »Valentino« erträumen die Eltern für ihren Sohn eine bessere Zukunft und bringen dafür Opfer, während das Schicksal der Töchter diesem einen Ziel untergeordnet bleibt: Er soll aus dem kleinbürgerlichen Milieu heraus und ein berühmter Arzt werden. Valentino aber vertändelt die Tage mit Kleidern (wie Azalea in »Die Straße in die Stadt«) und heiratet dann zum Entsetzen aller Maddalena, eine häßliche, ältere, reiche, aktive Frau, bei der er sein verantwortungsloses Leben weiterführen kann. Mit Maddalenas Cousin Kit verbindet ihn, wie nach dessen Selbstmord aus einigen Briefen ersichtlich wird, eine homosexuelle Beziehung. »Jede Frauengeschichte hätte ich ertragen. Aber das nicht«, sagt Maddalena zu Valentinos Schwester Caterina, der Ich-Erzählerin der Geschichte, die sich für kurze Zeit ein Leben mit Kit vorgestellt hatte. Am Schluß der Geschichte zieht Caterina wieder mit ihrem Bruder Valentino zusammen. Die Eltern sind inzwischen gestorben. Sie aber führt die Tradition weiter, lebt nur für ihn: »Ich folge ihm mit den Augen, wenn er ausgeht: und ich freue mich, daß er immer noch so schön ist. Ich freue mich über seinen immer noch so glücklichen, triumphierenden, freien Schritt, wo immer er hingeht.«

Komm endlich mit den Kindern nach Rom! 1952-1958

Natalia begann 1952, ihren Umzug nach Rom vorzubereiten. Seit Gabriele den Ruf als Professor für englische Literatur in Rom erhalten hatte, sahen sie sich nur zeitweise, und sie wollten endlich wieder als Familie zusammenleben. Wenn er in Turin war, sang er den Kindern mit seiner schönen Stimme Arien vor und sagte zwinkernd zu Natalia: »Los, sing auch was!« Dann sang sie, laut und falsch, die Arie aus Lohengrin, die ihre Mutter ihr in ihrer Kindheit beim Frühstück vorzusingen pflegte: »Nie sollst du mich befragen...«, und alle lachten.

Eine Wohnung wurde gefunden, im römischen Stadtteil Parioli. Natalia ging durch die Straßen von Turin und sah plötzlich alles mit ganz anderen Augen. Der Abschied von der Stadt und von ihren Eltern fiel ihr nicht leicht.

Abschied von Turin

Ihre Mutter zürnte ihr, weil sie nun »ihre« Kinder hergeben mußte. Aber lange konnte sie niemandem böse sein. »Da kommt ja unsere Gewittermarie«, sagte sie fröhlich zu ihrer Enkelin Alessandra, wenn diese morgens mißmutig ins Zimmer trat, weil sie keine Lust hatte, aufzustehen und in die Schule zu gehen. Und dann zu Natalia gewandt: »Was für ein Scheusal du bist! Du nimmst mir meine Kinder weg!«

»Komm endlich mit den Kindern nach Rom!« schrieb Gabriele. Die Kinder, dreizehn, zwölf und neun Jahre alt, trennten sich ungern von ihren Großeltern und Freunden, aber sie freuten sich auch; für sie war der Umzug nach Rom ein Abenteuer.

Am schwersten fiel Natalia der Abschied vom Verlag. Sie hatte zwar vor, in Rom für die dortige Einaudi-Filiale zu arbeiten, aber es würde ganz anders sein als die Arbeit in Turin. »Was ich liebte, war der Verlag, der auf den Corso Re Umberto hinausging, wenige Meter vom Café Platti und wenige Meter von dem Hotel unter den Arkaden entfernt, wo Pavese gestorben war. Ich liebte, im Verlag, meine Arbeitsgefährten: diese, und keine anderen.« Die Umstellung auf das neue Ambiente erschreckte sie. Sie vermißte die ständige Diskussion mit dem Verleger und den vertrauten Mitarbeitern, korrespondierte fast täglich mit ihnen und fuhr auch öfter zu den Mittwochssitzungen nach Turin. Kurz nach dem Umzug schrieb sie an Einaudi: »Es geht mir sehr gut hier. Im Büro war ich wenig, ab heute will ich aber hingehen, ich werde mich daran gewöhnen. Das Büro ist gleichzeitig voller Leute und menschenleer. Eine Menge Leute geht über die Teppiche hin und her, aber ich kenne sie nicht.« Sie nahm sich vor, Einführungen, Gutachten und dergleichen lieber zu Hause zu schreiben.

Rom, Piazza Navona, 1952

SIE ARBEITETE WIEDER intensiv an einem »beinahe langen« Roman, dem sie den Titel gab: »Tutti i nostri ieri« (»Alle unsere Jahre«). Als Motto ist ihm ein Vers aus »Macbeth« vorangestellt: »And all our yesterdays have lighted fools/The way to dusty death«. Das Buch erschien noch im selben Jahr, 1952, bei Einaudi, wurde als »Ginzburgs Beitrag zur Literatur der Resistenza« aufgenommen und mit dem *Premio Veillon* ausgezeichnet.

Natalia Ginzburg erhält 1953 den Premio Veillon
links Arnoldo Mondadori

»Meine Gestalten hatten darin die Fähigkeit verloren, miteinander zu sprechen. Oder besser gesagt, sie sprachen miteinander, aber nicht mehr in direkter Form. Dialoge in direkter Rede waren mir auf einmal verhaßt.« Folgerichtig ist der Roman in der dritten Person geschrieben. Geschildert wird die Geschichte zweier bürgerlicher Familien auf dem Hintergrund der Jahre des Faschismus direkt vor dem Krieg und während des Krieges bis zur Befreiung. Es ist eine Alltagschronik, in der vermeintliche Gewißheiten und Orientierungen langsam zerbröckeln und alle Hoffnungen zerbrechen, als die Gewalt der Ereignisse brutal ins Leben aller eingreift. Ein »eintöniges Klagelied«. Wieder erzählt ein junges Mädchen, Anna, scheinbar eine Randfigur. Schauplatz des ersten Teils ist eine kleine nördliche Provinzstadt, wo Anna, nach dem Tod der Mutter und dann des Vaters früh sich selbst überlassen, mit ihren Geschwistern und einer Tante wohnt. Im zweiten Teil, nachdem Censo Rena, ein großzügiger, chaotischer, lebensvoller Freund des Vaters sie geheiratet hat, als sie vom Nachbarjungen schwanger geworden war, erlebt sie dann die letzten Kriegsjahre, Verfolgung, Widerstand, den Tod ihres Mannes und schließlich die Befreiung in einem Dorf im Süden. Nach dem Krieg finden sich die Überlebenden wieder zusammen: »Und sie waren froh, zusammen zu sein und an alle die zu denken, die gestorben waren, und an den langen Krieg und an den Schmerz und an den Aufruhr und an das lange schwierige Leben, das sie jetzt vor sich hatten und das voll war von lauter Dingen, von denen sie nichts verstanden.«

»Das Gefühlsporträt einer Generation«, nannte der Literaturkritiker Geno Pampaloni »Alle unsere Jahre« in seiner Rezension.

»Ich lese Dein Buch und amüsiere mich köstlich«, schrieb ihr Luciano Foà vom Einaudi-Verlag im Dezember aus Turin. »Es wirkt, als sei es in einem Atemzug geschrieben und ist meiner bescheidenen Ansicht nach einer der sehr wenigen schönen Romane, die in Italien in der Nachkriegszeit erschienen sind. Das hast Du wirklich gut gemacht.«

NATALIA GEWÖHNTE SICH allmählich an Rom. Sie hatte seit langer Zeit wieder einen eigenen Haushalt zu versorgen und beriet sich morgens am Telefon mit der um wenige Jahre jüngeren Schwägerin über praktische Probleme. Oft kamen Freunde zu Besuch, zum Beispiel Cesare Garboli, der mit Gabriele befreundet war.

Gabriele brachte mit seiner stürmischen Art ihre eher strenge Lebensweise durcheinander. Er hörte den ganzen Tag Musik, während sie ab und zu um ein wenig Stille bat, um arbeiten zu können. Er führte beim Essen erlesene Gerichte und Weine ein, während sie gut und reichlich, aber einfach kochte. Er litt manchmal an »geheimnisvollen Krankheiten«, blieb dann einen ganzen Tag im Bett, schluckte Bikarbonat und Aspirin und wickelte sich in die Decke, so daß nur noch »sein Bart und die Spitze seiner roten Nase« hervorsahen, während sie, nach seinen Worten, immer gesund war wie »jene widerstandsfähigen beleibten Mönche, die

Rom, Via Veneto, 1955

sich gefahrlos Wind und Wetter aussetzen« können. Er reiste gern und war neugierig auf fremde Städte, während sie am liebsten immer zu Hause geblieben wäre.

Es gefiel ihm, drei halbwüchsige Kinder zu haben, denen er neue Horizonte eröffnen konnte: Malerei, Musik, Ferien am Meer. Natalia begleitete ihn auf Vernissagen, ins Theater, in Konzerte und in die Oper, aber mehr aus Pflichtgefühl. »Ich verstehe nichts von Musik, aus Malerei mache ich mir wenig und im Theater langweile ich mich. Ich liebe und verstehe nur eine Sache auf der Welt, und das ist die Poesie.«

In der Oper schlief sie regelmäßig ein, und Gabriele weckte sie im für sie entscheidenden Augenblick: »Nina, wach auf, jetzt kommt die Arie, die dir gefällt!«

Ihre gemeinsame Leidenschaft war das Kino, und manchmal fuhren sie quer durch die ganze Stadt, um irgendwo in einem entlegenen Vorstadtkino einen Film anzuschauen, den sie schon immer sehen wollten.

Natürlich gerieten sie, bei all den Gegensätzen, die sie sonst verbanden, manchmal auch heftig in Streit. »Seine Wutanfälle kommen plötzlich und steigen auf wie Bierschaum. Meine Wutanfälle sind auch plötzlich. Aber seine verrauchen sofort; meine dagegen hinterlassen eine klägliche, beharrliche Spur, sehr lästig, glaube ich, eine Art bitteres Miauen.« Und oft auch die Scherben von Tellern und sonstigem Geschirr. Wenn sie aber, anstatt Teller zu zertrümmern, einmal weinte, wurde Gabriele noch wütender: »Deine Tränen sind reine Komödie!« schnaubte er. »Vielleicht hat er recht. Denn ich bin, inmitten meiner Tränen und seiner Raserei, vollkommen ruhig.«

»GEBT MIR ARBEIT, ich habe nichts zu tun«, forderte sie im April 1953 den Verlag in Turin auf. Sofort kamen Berge von Fahnen, Manuskripten und Büchern zur Begutachtung. Natalia hatte gerade ihren Aufsatz »I rapporti umani« (»Die menschlichen Beziehungen«) fertiggeschrieben, der in der Zeitschrift ›Terza generazione‹ erschien. Er handelt von ihren Stationen auf dem Weg zum Erwachsenwerden, und am Ende heißt es: »Wir sind nun so erwachsen, daß unsere heranwachsenden Kinder schon beginnen,

Mitte der fünfziger Jahre

uns mit versteinerten Augen zu betrachten: wir leiden darunter, obwohl wir doch noch genau wissen, was dieser Blick bedeutet. Obwohl wir nur zu genau wissen, wie die lange Kette der menschlichen Beziehungen abläuft, die lange notwendige Parabel, der ganze lange Weg, den wir zurücklegen müssen, um so weit zu kommen, daß wir ein wenig Erbarmen haben.«

Die Familie zog um nach Trastevere. Die älteren Kinder gingen aufs Gymnasium. »Ich denke, man muß Kinder nicht die kleinen, sondern die großen Tugenden lehren. Nicht Sparsamkeit, sondern Freigiebigkeit und Gleichgültigkeit gegenüber Geld; nicht

Vorsicht, sondern Mut und Verachtung der Gefahr; nicht Schlauheit, sondern Freimütigkeit und Wahrheitsliebe; nicht Diplomatie, sondern Liebe zum Nächsten und Selbstlosigkeit; nicht das Streben nach Erfolg, sondern das Streben nach Sein und Wissen.«

Am 4. September 1954 kam Natalias Tochter Susanna auf die Welt. Sie wurde mit einem Wasserkopf geboren. Natalia und Gabriele fuhren mit ihr nach Dänemark, um sie operieren zu lassen. Sie überlebte, blieb aber behindert. Ein großer Schmerz für alle. Mit Hilfe einer Pflegerin versorgte Natalia Susanna zu Hause. Die Krankheit der Tochter, mit der sie lebe, hindere sie daran, ruhig an den Tod zu denken, schrieb sie im Alter. Dennoch vertraue sie auf die Vorsehung, auf die Schutzengel, auf die Zuneigung ihrer anderen Kinder. Alessandra Ginzburg nahm Susanna nach dem Tod der Mutter zu sich.

NATALIA LAS auf französisch »Das Tagebuch der Anne Frank« und empfahl es Einaudi sofort zur Veröffentlichung. Dokumente über die Judenverfolgung vor allem auch der Jugend zugänglich zu machen, hielt sie für eine unerläßliche Notwendigkeit. Das Buch erschien 1954, und sie schrieb in der Einleitung: Anne, »das einzige Kind unter lauter Erwachsenen, fühlt sich in Wirklichkeit als die einzige Erwachsene, die einzige, die sich in gewisser Weise zum Sterben bereitmacht: die einzige, die im Gedanken an den Tod etwas sucht, das nicht nur Grauen oder Leid ist: die einzige, die versucht, über sich hinaus zu blicken, die gedanklich aus dem monotonen Wechsel von Hoffnung und Furcht ausschert: die einzige, die in ihrer eigenen Geschichte nach einer universellen Bedeutung sucht.«

Nach und nach wurde ihr das Arbeiten im römischen Verlagssitz immer mehr zur Last, wie sie es vorhergesehen hatte. Ende 1955 gab sie ihre feste Stelle auf und schloß statt dessen einen Beratervertrag ab. »Selbstverständlich tut es mir ein bißchen leid, keine echte Angestellte mehr zu sein«, schrieb sie Ende Dezember in einem Brief an Giulio Einaudi, in dem sie sich für den neuen Vertrag bedankte. »Nur möchte ich Dich bitten, ob es möglich ist, eine Klausel einzufügen, wonach Ihr mir, in dem absolut unwahrscheinlichen Fall, daß ich eines Tages ein Buch mit riesigem Erfolg veröffentliche, ab der zweiten oder dritten Auflage etwas mehr Geld gebt; dies, um mir jene Hoffnungen auf unvorhergesehenen Reichtum zu lassen, die einen Schriftsteller doch stützen müssen. Ich hätte auch gern, wie alle anderen, eine jährliche Abrechnung über die verkauften Bücher. Natürlich ist es andererseits klar, daß Ihr mich, falls ich nicht gut arbeite oder Euch zur Last falle, zum Teufel schicken müßt (wie immer mit drei Monaten Kündigungsfrist).« Und einige Zeit später schrieb sie: »Carissimo Giulio, ich möchte Euch bitten, mir einige Bücher zur Begutachtung zu schicken, denn als Spürhund tauge ich nicht viel.« Eine ihrer bescheidenen Untertreibungen.

ANFANG 1957 kam ihr wieder eine Idee für eine Erzählung. Es entstand der kurze Roman »Sagittario« (»Schütze«). Der Aufbau machte ihr diesmal große Mühe. Wieder gibt es kaum Dialoge: Die Geschichte einer gelangweilten Witwe, die in die Stadt zieht und eine Galerie eröffnen will, dabei einer Betrügerin auf den Leim geht, die sie um ihr Geld bringt – erzählt, in der Ich-Form, von der jüngeren Tochter, die rückblickend auch die Geschichte ihrer älteren Schwester und eine gewalttätige Liebesbeziehung der Tochter der Betrügerin mit einflicht.

Alles »zu engmaschig, zu konstruiert«, fand sie, als sie fertig war. Freilich bedeutete Schreiben immer eine Anstrengung, aber es sollte eine »natürliche und glückliche Anstrengung« sein, nie die »traurige und kalte Anstrengung der Vernunft«, weil sie sonst der Arbeit der »Ameise an ihrem Ameisenhaufen« gleiche. »Es ist notwendig, mit dem Herzen und mit dem Körper zu schreiben und zu denken, und nicht mit dem Kopf und mit der Vernunft.«

»Schütze« erschien im Sommer 1957 bei Einaudi, in einem Band mit »Die Mutter« und dem bisher noch unveröffentlichten »Valentino«, der dem Band auch den Titel gab. Das Buch wurde mit dem *Premio Viareggio* ausgezeichnet.

»Es handelt sich um eine Erzählung, in der viele Dinge geschehen, doch spürt man keine einheitliche Inspirationsquelle«, bemängelte der Literaturwissenschaftler P. De Tommaso an »Schütze« und kam damit Natalias Selbstkritik sehr nahe. Auch der Rezensent Adriano Seroni vermißte die Qualitäten, die für ihn sonst

Natalia Ginzburgs Werk auszeichneten: »Kurz, das, was uns eine grundlegende Eroberung Ginzburgs durch jahrelange Arbeit zu sein schien, jene reale Bewegung der Dinge und Personen in der vordergründigen Ruhe und Langsamkeit des Erzählens und Beschreibens, scheint uns mit einem Schlag verloren zugunsten einer anderen Ambition, nämlich der, die Wirklichkeit in der Schnelligkeit der Katastrophen direkt auf die Seite zu bannen und den Schrei, das Schluchzen oder das Gelächter immer direkt zu registrieren, nicht mehr beherrscht von der sicheren, ruhigen Hand dessen, der beim Schreiben jedes Element auf die Gründe seines Stils zurückzuführen hat.«

Kyra Stromberg formulierte es Jahrzehnte später, bei Erscheinen der deutschen Ausgabe, so: »Eine unverkennbare, leise und eindringliche Stimme: Nichts sagen, als was ist, und das in der Form des Kennworts.«

IM OKTOBER 1957 starb, neunundsiebzigjährig, Natalias Mutter an einem Herzinfarkt. Sie war eine heitere, unabhängige, starke Frau gewesen, und der Verlust traf Natalia schwer: »Uns war, als stürzte der Himmel ein und die Luft würde dunkel.« Aber sie sprach nicht darüber, sondern bemühte sich vielmehr, die anderen zu trösten; persönlichen Schmerz begrub sie in sich oder versuchte, ihn im Schreiben über das Individuelle hinauszuheben.

Sie veröffentlichte einen Aufsatz über Cesare Pavese, »Ritratto d'un amico« (»Porträt eines Freundes«), in dem ihre Trauer über das Verlorene zum Ausdruck kommt. Sie wohne nun längst in einer anderen Stadt, heißt es darin, und könne sich nicht mehr vorstellen, in Turin zu leben. »Doch wenn wir zurückkehren, genügt es uns, die Bahnhofshalle zu durchqueren und im Nebel die breiten Straßen entlangzugehen, um uns gleich wieder zu Hause zu fühlen; und die Traurigkeit, die jedesmal in uns aufkommt, wenn wir in die Stadt zurückkehren, liegt genau darin, daß wir uns zu Hause fühlen, aber gleichzeitig spüren, daß wir keinen Grund mehr haben, hier zu Hause zu sein; denn hier bei uns zu Hause, in unserer Stadt, in der Stadt, wo wir unsere Jugend verbracht haben, bleiben uns nur noch wenige lebendige Dinge, wir werden empfangen von einer Menge Erinnerungen und Schatten.«

Natalia und Gabriele beschlossen, eine Wohnung in Rom zu kaufen, denn ihre Mietwohnung war zu eng: das Dienstmädchen schlief im Wohnzimmer und eines der Kinder im Arbeitszimmer. Andererseits fühlte sie sich in dieser Wohnung mit den gelbgekachelten Fußböden geborgen wie in einer »Höhle«.

Die Suche gestaltete sich schwierig, da ihre Vorstellungen sehr verschieden waren. Natalia wünschte sich ein Haus mit Garten oder eine Wohnung im Erdgeschoß, die der Wohnung ihrer Kindheit gliche. Gabriele wollte hohe Räume und Blick über die Dächer, denn er hatte seine Kindheit im Zentrum von Rom verbracht. Nachdem sie schon viele Wohnungen besichtigt und oft heftig gestritten hatten, gingen sie eines Tages durch eine kleine Straße im Zentrum, nahe beim Pantheon, und sahen an einem Haustor ein Schild: »Wohnung zu verkaufen«. So wurde die Wohnung gefunden. Sie war im obersten Stock, mit Blick über die Dächer und ohne einen Baum weit und breit. Natalia gefiel sie, weil sie ganz in der Nähe des Hauses lag, wo der Einaudi-Verlag seinen Sitz gehabt hatte, dort, wo sie in der ersten Nachkriegszeit täglich aus- und eingegangen war und sich »eine Höhle« gegraben hatte. Sie konnte sich auf einmal vorstellen, daß auch die neue Wohnung ein Zufluchtsort werden könnte, in dem man lebt wie in einem »alten Strumpf«.

Im Januar 1959 kam Natalias Sohn Antonio zur Welt. Er war behindert und lebte nur ein Jahr.

Die Quellen der Erinnerung
1959-1963

Ende 1958 war Gabriele Baldini zum Leiter des italienischen Kulturinstituts in London berufen worden. Calvino schrieb am 19. Dezember 1958 an Natalia: »Wir haben von Gabrieles Ernennung gehört. Ich denke, ich werde jetzt dauernd nach London kommen, auch um Dich in der Funktion einer *dama della diplomazia* zu sehen.«

Die Familie traf Reisevorbereitungen. Baldini fuhr voraus, und Natalia folgte ihm im April 1959. Carlo und Andrea studierten in verschiedenen Städten und blieben in Italien. Alessandra sollte in London aufs Gymnasium gehen.

Sie zogen in ein Haus zwischen Holland Park und Notting-Hill Gate. Gabriele war sehr beschäftigt mit der Organisation von Veranstaltungen und arbeitete an der Herausgabe einer kritischen Gesamtausgabe der Werke Shakespeares. Zudem hatte er vielfältige Repräsentationspflichten, denen auch Natalia sich nicht immer entziehen konnte. Er sprach hervorragend Englisch, während Natalia nach ihrer Rückkehr nach Italien zu Freunden sagte: »Ich habe zwei Jahre in England gelebt, und es ist mir gelungen, kein Englisch zu lernen.« Aber sie untertrieb, wie sie es gerne tat. Sie las im Original die Romane von Ivy Compton-Burnett, die Gabriele ihr geschenkt hatte. Sie gefielen ihr, weil sie fast nur aus Dialogen bestanden, trockenen Sätzen, die hin und her flogen »wie Pingpongbälle«. Sie wußte auch, daß Ivy Compton-Burnett im gleichen Viertel wohnte wie sie, und hätte sie gerne einmal getroffen. Doch die Gelegenheit ergab sich nicht. Sie empfahl Einaudi ihre Bücher und machte ihn auch auf die Stücke des jungen Theaterautors Harold Pinter aufmerksam.

In einem kleinen Filmkunstkino an der Themse sah sie die Filme von Ingmar Bergman. Sie fand sie »wesentlich und kostbar«

und schrieb ihrem Sohn Carlo begeisterte Briefe darüber. In den Sommerferien kamen Carlo und Andrea zu Besuch, und sie konnten die Filme, die es in Italien noch nicht gab, zusammen sehen. »In einer Zeit wie der unseren, wo der Wunsch zu erzählen tot und versteinert zu sein scheint, war Bergman einer der sehr wenigen, der mit grenzenloser Freigiebigkeit Geschichten von Menschen berichtete und dabei das einzige schilderte, was unverzichtbar ist, nämlich die Art und Weise, wie die Menschen mit Schmerz und Glück, Elend, Angst und Tod umgehen.«

Nachdem ihre Söhne abgereist waren und das Haus wieder stiller war, fühlte Natalia sich einsamer denn je. Das rußige London deprimierte sie, die Engländer lagen ihr nicht. Manchmal ging sie zu Harrod's und kaufte einen Rollbraten, um einen *arrosto al limone* zuzubereiten, denn das englische Essen fand sie freudlos und langweilig. Vormittags, wenn Alessandra in der Schule war, blätterte sie in alten italienischen Zeitungen, durchforstete die Lokalberichte nach vertrauten Straßennamen.

London, um 1960

Mit Sohn Andrea

Im Frühjahr 1961 hatte sie nach langer Zeit wieder Lust zu schreiben. Sie dachte an eine kleine Erzählung. Doch kaum hatte sie begonnen, stiegen plötzlich die Orte ihrer Kindheit in ihr auf, Turin, das Piemont. Ihr ganzes Leben hatte sie sich ihrer geschämt, genauso wie ihrer bürgerlichen Herkunft, und sie aus ihrem Schreiben verbannt. Als junges Mädchen träumte sie davon, wie Tschechow den Newski-Prospekt zu beschreiben anstelle der Uferstraßen am Po, entschied sich dann aber, aus der Erkenntnis heraus, daß man nur beschreiben kann, was man kennt, für unbestimmte Orte, bei denen Turin allerdings immer durchschimmerte.

»Doch nun fand ich sie wieder« – die Orte der Kindheit –, »dort in London, aus der Sehnsucht geboren, wer weiß wie mit den Dialogen von Ivy Compton-Burnett verquickt, melancholisch, weil weit weg, aber gleichzeitig so festlich, kristallin und klar!« Und zu den Orten gesellten sich die Gestalten aus der Kindheit und sprachen miteinander und zu ihr. »Wahnsinnige Freude« überkam sie. So entstand »Le voci della sera« (»Die Stimmen des Abends«). Sie erfand kaum etwas. »Die Erinnerung war so entschieden und glücklich, daß sie mühelos alles abstreifte, was ihr nicht glich. Ich war so froh und so frei, daß ich Nachnamen benutzte, so unbedeutend erschien mir mein alter Widerwille dagegen, so leicht fiel es mir, alle alten Aversionen und Schamgefühle hinter mir zu lassen.« Allerdings schrieb sie, als »Die Stimmen des Abends« noch im selben Jahr bei Einaudi erschien, in der Vorbemerkung, die Orte seien auf keiner Landkarte zu finden und die Personen frei erfunden.

Der Roman schildert Aufstieg und allmählichen Niedergang einer reichen piemontesischen Industriellenfamilie namens De Francisci. Wiederum ist der zeitliche Hintergrund der Kriegsausbruch, der Widerstand und die erste Nachkriegszeit, und die Gestalt, aus deren Blickwinkel in der Ich-Form erzählt wird, ein junges Mädchen aus kleinbürgerlichen Verhältnissen.

Als Natalia das Manuskript der »Stimmen« vorab zur Lektüre an Italo Calvino schickte, antwortete er ihr mit einem langen Brief nach London:

Italo Calvino

»Liebe Natalia, es gefällt mir sehr gut. Ich habe es in einem Zug durchgelesen, es ist der schönste Roman, den Du geschrieben hast. Dieses Gespür für Familiengeschichten und ihre Verflechtung, das ist etwas, das nur noch Du besitzt. Und das Gefühl für die Alten und für das Heranwachsen der Jungen und dafür, wie schmerzvoll sie heranwachsen. Traurig, todtraurig...

Diese Mutter, die über dem ganzen Buch lastet, ohne daß wir etwas anderes hören als ihr furchtbares Reden, ist grandios.

Die ganze Geschichte der Verlobung und dann des Abschieds, so gut erzählt das ganze Dahinsterben der Sache, nur durch die kurzen Sätze des Dialogs, ohne je ein Wort der Introspektion oder des psychologischen Kommentars. Einfach vorbildlich, der erzählerische Duktus, streng und vollkommen.

Ein wenig zurück in den Jahren, was den Stil, den Tonfall betrifft? Ein wenig wie zur Zeit der Tornimparte? Aber nein, diese Linie ist absolut aktuell. Und ich bewundere Dich, weil Du ihr in all dem stilistischen Empirismus dieser Jahre treu geblieben bist.« Und am Ende schreibt er: »Es gibt auch eine, sagen wir, geographische Vertiefung. Jetzt, da Du weit weg bist, dringt Dir dieses Piemont aus allen Poren, während Du es vorher immer verschwommen oder verallgemeinert darstelltest. Noch nie habe ich so etwas zum Weinen Piemontesisches gelesen. Auch die Sprache, so piemontesisch, daß Du das Piemont fühlst wie ein Grab; wer einmal drinnen ist, ist verdammt, nie mehr herauszukommen.«

Es gehörte zu ihren Gewohnheiten als Schriftsteller, ihre Manuskripte auszutauschen und einander zu befragen. Calvino, der anfangs neorealistische Elemente in sein Schreiben mit einbezog und unterdessen mit phantastischen und märchenhaften Formen experimentierte, sandte Natalia 1957 seinen »Baron auf den Bäumen« mit der Bemerkung: »Ich warte auf Dein Urteil.«

Der Neorealismus war ja mit dem politischen und moralischen Anspruch der Wahrheit und der schonungslosen Darstellung der Wirklichkeit angetreten und stieß allmählich an seine Grenzen, denn »die Wirklichkeit war wirr und unentzifferbar geworden«, die klare Trennung der Welt in Gut und Böse funktionierte nicht mehr, und es mußten neue Wege gesucht werden.

Über »Die Stimmen des Abends« schrieb Italo Calvino dann öffentlich in einem ausführlichen kritischen Essay: »Natalia drückt ihre lyrische Neigung in der Kadenz und im Zuschnitt ihrer Geschichten aus, sie baut ihre Psychologien durch das Verhalten auf und kommentiert oder interpretiert nie auf intellektuellem Weg, obwohl ihre Geschichten fast ganz in intellektuellen Kreisen spielen.« Und weiter, über den Gebrauch der ersten Person: »Das Geheimnis von Natalias Einfachheit liegt darin: Diese Stimme, die ›Ich‹ sagt, hat immer Personen vor sich, die sie als ihr überlegen einschätzt, Situationen, die zu komplex sind und über ihre Kräfte zu gehen scheinen, und die sprachlichen und begrifflichen Mittel,

Ende der fünfziger Jahre

die sie benutzt, um sie darzustellen, liegen immer etwas unter dem Erforderlichen. Und aus diesem Mißverhältnis entsteht die poetische Spannung. Poesie ist immer dies gewesen: Das Meer durch einen Trichter schütten...«

Eugenio Montale fragte in seiner Rezension: »Stimmen des Abends? Welchen Abends? Vielleicht der Dämmerung der Bourgeoisie? Wir glauben nicht, daß Natalia Ginzburg sich besonders für den Titel ihres Buches interessiert hat. Was sie zweifellos interessierte, war, uns eine Erzählung zu liefern, die vom basso continuo des *gossip* getragen wird; eine Erzählung, die so grau ist, daß sie leuchtend hell erscheint, wenn die Augen sich erst an die Einförmigkeit der Farbe gewöhnt haben. Unter den italienischen Schriftstellern von heute gibt es keinen, dem es wie ihr gelungen ist, den Ton zu senken, ohne je in realistische Phonographie zu verfallen. Und es ist kurios zu bemerken, wie unglaublich wahr alles bei ihr ist, obgleich es fern bleibt, von einer Glasscheibe geschützt, unzugänglich; wie bei ihr die Poesie aus der nacktesten prosaistischen Trostlosigkeit entsteht.«

Mit »Die Stimmen des Abends« gewann Natalia den *Premio Chianciano* für Prosa, den Lyrikpreis gewann Pier Paolo Pasolini mit »Die Religion meiner Zeit«. Die Preisverleihung fand am 30. September in Chianciano in der Toskana statt.

GABRIELE BALDINIS Vertrag in London lief Ende 1961 ab. Die Familie ging nach Rom zurück und zog in die vor der Abreise gekaufte Wohnung an der Piazza Campo Marzio mit dem großen Salon mit Balkendecke und Kamin und Travertinverkleidungen in einigen Zimmern. Gabriele folgte kurze Zeit später.

Im Februar 1962 wurde Natalias erste Enkelin geboren, Carlos Tochter Silvia. Carlo hatte Anna Rossi Doria geheiratet, die er von Kind auf kannte. Ihr Vater war mit Leone im Gefängnis gewesen, und er war es auch, der Natalia von Leones Tod erzählt hatte.

IM SOMMER 1962 beschloß Natalia, eine Reihe von Essays, die sie zwischen 1945 und 1961 in ›L'Unità‹, ›Il Politecnico‹, ›Il Mondo‹ und anderen Zeitschriften veröffentlicht hatte, in einem Band zusammenzufassen. »Dein bestes Buch«, kommentierte Calvino, mit dem sie ausführlich über das Projekt korrespondierte. Auch mit ihrem Sohn Carlo diskutierte sie die Reihenfolge der Aufsätze. Er wurde für sie zu einem immer wichtigeren Gesprächspartner beim Schreiben. Die Sammlung erschien im Herbst 1962 bei Einaudi unter dem Titel »Le piccole virtù« (»Die kleinen Tugenden«).

»Moralische Überlegungen, Analysen und Polemik mit der heutigen Welt, Gewissen der Poetik der erzählenden Literatur, Porträts und Diskussionen, Seiten eines moralistischen Schriftstellers und zugleich Seiten einer Autobiographie, mit der Spitze der Feder gezeichnet in dem Porträt einer Ehe ›Lui e io‹ (›Er und ich‹)«, schrieb der Kritiker Claudio Varese darüber.

Die auch stilistisch verschiedenen, weil zu unterschiedlichen Zeiten geschriebenen Texte lesen sich dennoch fast wie Kapitel einer langen, kontinuierlichen Geschichte, aus der Erinnerung geschöpfte Erzählungen, ironisch aktuelle Beobachtungen und Essays fließen zusammen zu einem offenen persönlichen Bericht.

»Kein Zurück und keine Täuschung« gebe es in dem ihren schriftstellerischen Werdegang reflektierenden Essay »Mein Beruf«, schreibt ein anderer Kritiker, Enrico Falqui, der Text enthalte »all die Fülle von Wahrheit und Verantwortung, die ein solches Geständnis vor sich selbst und den anderen impliziert«.

Und der Literaturwissenschaftler Carlo Bo unterstreicht ihren »beständigen Wunsch zu verstehen, die Dinge aus ihrer Umhüllung zu lösen und vor allem, die Menschen in einem gerechteren oder, um genau zu sein, weniger ungerechten Licht zu sehen«.

Natalia hatte an den Essays für diese neue Veröffentlichung nichts geändert, da sie, wie sie in der Vorbemerkung schrieb, unfähig war, nachträgliche Korrekturen anzubringen – beschäftigte sie sich doch in Gedanken längst mit einem neuen Vorhaben: Seit sie wieder in Rom war, hatte sie Sehnsucht nach London, und »die Sehnsucht verbindet sich immer mit dem Wunsch zu schreiben«.

AM 15. OKTOBER heiratete ihre Tochter Alessandra, neunzehn Jahre alt. Nun waren ihre drei erwachsenen Kinder aus dem Haus. »Das sind schwierige Momente für eine Mutter. Plötzlich steht man mit leeren Armen da, das Herz voller Dinge, die zu sagen man keine Zeit mehr hat. Aber die Arbeit hat mir immer geholfen.« Am Tag nach der Hochzeit begann Natalia ein Buch über ihre eigene Familie, das neben Giorgio Bassanis »Die Gärten der Finzi Contini« zum Bestseller jener Jahre werden sollte: »Lessico famigliare« (»Familienlexikon«). Kurz vor Weihnachten war es fertig.

Sie schrieb, wie es ihre Gewohnheit war, mit der Hand, auf dem Sofa, in den frühen Morgenstunden, wenn alles noch still war. Hatte sie ein paar Seiten fertig, gab sie sie Carlo, der gerade in Rom war und immer schon begierig darauf wartete wie der Leser eines Fortsetzungsromans auf die nächste Folge. Carlo lachte manchmal laut auf beim Lesen, und auch sie selbst lachte oft beim Schreiben. Es ging so mühelos. Gabriele mußte ebenfalls immer gleich die fertigen Teile lesen und lobte sie.

Ihre ursprüngliche Absicht, einige Aufsätze über den Sprachgebrauch in ihrer Familie zu schreiben, wie Gabriele es vor ihr getan hatte, wurde vom Ansturm der Erinnerungen über den Haufen geworfen. »So kam ich zur reinen Erinnerung: mit Riesenschritten, auf Umwegen, indem ich mir sagte, die Quellen der Erinnerung seien die, an denen ich niemals trinken dürfe, der einzige Ort auf der Welt, an den zu gehen ich mich weigern müsse.« Doch nun war das Tabu gebrochen. Die jahrelange »heilige Furcht vor der Autobiographie« war vorbei. Sie erfand nichts, und auch die Überlegung, was wohl die in dem Buch porträtierten und mit ihrem Namen genannten Personen sagen würden, konnte sie nicht aufhalten. Ihr Bruder Gino Martinoli, der in der Kindheit ihr Lieblingsbruder gewesen war und der unter dem Faschismus einen anderen Namen annehmen mußte, den er dann behielt, kam sogar öfter zu Besuch, um eigene Erinnerungen beizusteuern. Ihr Vater dagegen schrieb, als ihm zu Ohren kam, daß sie an einem autobiographischen Buch arbeite, besorgt in einem Brief aus Turin: »Ich hoffe, Du wirfst kein schlechtes Licht auf unsere Familie.«

»Das ›Familienlexikon‹ ist ein Roman reiner, nackter, unverhüllter und erklärter Erinnerung. Ich weiß nicht, ob es das beste meiner Bücher ist: aber gewiß ist es das einzige Buch, das ich im Zustand absoluter Freiheit geschrieben habe. Es zu schreiben war für mich genauso wie sprechen. Ich machte mir keine Gedanken mehr über Kommas oder keine Kommas, weite Maschen, enge Maschen, nichts, nichts. Ich hatte keinerlei Widerwillen oder Abneigung mehr. Und vor allem fragte ich mich nicht ein einziges Mal, ob ich *zufällig* schriebe. Der Zufall war mir vollkommen fremd geworden.«

»Die offene Form des Registrierens«, gibt Alice Vollenweider im Nachwort zur deutschen Ausgabe zu bedenken, »ist allerdings auch unlösbar mit dem verbunden, was hier erzählt wird: das ›Familienlexikon‹ gehört nicht zur Gattung der Memoirenliteratur, die in erster Linie auf die Verewigung familiärer Erinnerungen zielt: es spiegelt die zeitgeschichtliche Erfahrung des Faschismus, des Kriegs und der Wirren der Nachkriegszeit, die den Zusammenhalt der Familie in Frage stellen; es zeigt, wie die Familie des jüdischen Anatomieprofessors Giuseppe Levi in den Sog der Politik gerät, wie Gefängnis, Verbannung und Emigration Kinder, Eltern und Verwandte von einander trennen, die privaten Bindungen lockern und am Ende Einzelpersonen zurücklassen, die nur noch die Erinnerung an die Wörter und Redensarten der Kindheit – ans ›Lessico famigliare‹ – gemeinsam haben.« Diese Wörter sind von grundlegender Bedeutung: »Wir sind fünf Geschwister«, heißt es im »Familienlexikon«, »wir wohnen in verschiedenen Städten, manche von uns leben im Ausland; und wir schreiben uns nicht oft. Wenn wir uns treffen, können wir im Umgang miteinander gleichgültig und zerstreut sein. Aber es genügt, zwischen uns, ein Wort. Es genügt ein Wort, ein Satz: einer jener alten Sätze, die wir in unserer Kindheit unzählige Male gehört und wiederholt hatten: es genügt, daß wir zueinander sagen: ›Wir sind nicht nach Bergamo gekommen, um einen Ausflug zu machen‹, oder: ›Wonach stinkt der Schwefelwasserstoff?‹, um auf einmal unsere alten Beziehungen wiederzufinden und unsere Kindheit und Jugend, die unauflöslich mit jenen Sätzen, mit jenen Wörtern verbunden ist. An einem dieser Wörter würden wir uns im Dunkel einer Grotte unter Millionen von Menschen als Geschwister wiedererkennen. Diese Sätze sind unser Latein, das Vokabular unserer vergangenen Tage, sie sind wie die Hieroglyphen der Ägypter oder Assyrer und Babylonier, Zeugen einer Lebensgemeinschaft, die aufgehört hat zu bestehen, aber in den Texten weiterlebt.«

Das Buch erschien 1963 bei Einaudi. Der Erfolg war überwältigend. Bisher hatten vor allem die Berufsleser, Kritiker und Schriftstellerkollegen, von Italo Calvino bis Eugenio Montale, von Geno Pampaloni bis Pietro Citati, von Giorgio Bassani bis Maria Corti, Natalias Werke immer mit Teilnahme und Aufmerksamkeit gelesen und rezensiert. Nun trat der »absolut unwahrscheinliche Fall« ein, den sie in ihrem Brief an Giulio Einaudi Ende 1955 beschwor: sie eroberte unerwartet ein breites Publikum.

»In der Anfangszeit umgeben die Wärme der Kollegen und der Freunde, die Zustimmung und die intellektuelle Sympathie, die familiäre Atmosphäre des Einaudi-Verlags die junge Schriftstellerin mit dem strengen Gesicht und dem rauhen, schüchternen, lyrischen, ›armen‹, antifaschistischen, neorealistischen Gebaren«, schreibt Cesare Garboli, »dann, nach dem ›Familienlexikon‹, werden die Sympathien (bei einigen Kritikern) schwächer, und es kommt eine gewisse Unduldsamkeit auf, genau in dem Augenblick, in dem Natalia Ginzburgs Kreativität sich ihrer eigenen Mittel bewußt wird, der Stil persönlich wird und sich nicht mehr im Schatten, sondern im vollen Sonnenlicht zeigt.« Ob der kommerzielle Erfolg von »Familienlexikon« diese Veränderung mitbewirkt hat, bleibt offen. Das moralische Privileg der antifaschistischen Familienerinnerungen und vor allem die Form ihrer Darstellung, die literarische Qualität des Werks selbst mögen vielleicht auch eine Rolle gespielt haben: In dem autobiographischen Roman passieren ja zugleich alle bedeutenden Persönlichkeiten des politischen, sozialen und literarischen Lebens in Turin zwischen 1925 und 1950 Revue, gezeichnet mit einem Blick von unten – Turati, der Gründer der Sozialistischen Partei als »Bärenschatten« –, und vielleicht war dieses *understatement*, dieser Humor für manche einfach zu ungewohnt.

Vor so berühmten Mitkonkurrenten wie Tommaso Landolfi und Beppe Fenoglio gewann Natalia Ginzburg mit »Familienlexikon« den *Premio Strega* 1963.

KURZ VORHER hatte Oriana Fallaci sie um einen Interviewtermin gebeten. Ein wenig nervös saß Natalia in blauem Rock, hochgeschlossener Bluse und blauer Strickjacke im Salon auf dem Sofa und wartete. Als es klingelte, öffnete sie, und Oriana Fallaci sah ihr angespanntes, zögerndes Gesicht: »das Gesicht aller Juden, die den Schrecken der Türklingel kennengelernt haben«. Natalia bat sie herein und ging in die Küche, um einen Kaffee zu machen. Danach setzte sie sich zu ihr aufs Sofa und verschränkte die Arme. Während des Interviews rief Alessandra aus Pisa an: »Alessandra, laß bitte das Fenster offen, wenn du im Bad den Gasofen anmachst.« Dann Carlo: »Bitte, zieh dir am Abend die Strickjacke an, Carlo, du weißt ja, daß man sich auch im Sommer erkälten kann.« Andrea, der gerade seinen Doktor gemacht hatte und bei seiner Mutter zu Besuch war, kam herein: »Andrea, Lieber, bitte nicht zuhören. Sag der Signorina guten Tag und geh dann für mich einkaufen, ja?« Oriana Fallaci sagte ihr, sie erinnere sie an ihre alterslose Tante, so bescheiden, in Rock und Bluse, mit wenigen weißen Fäden im schwarzen Haar. »Ja«, antwortete Natalia, »in richtigen Kleidern komme ich mir häßlich vor. Sonst würde ich auch fünfhundert Kleider kaufen, denn ich bin eine Verschwenderin und glaube nicht an das Sparen, weder bei Geld noch bei geistigen Dingen. Man sollte nie Geld, Gefühle oder Gedanken auf die Seite legen, später braucht man sie nicht mehr.« Sie sprachen lange und sehr offen. Auf Fallacis Bitte holte Natalia ein Photo von Leone und schrieb ihr das Gedicht auf, das sie ihm gewidmet hatte. Vorlesen wollte sie es ihr nicht. »Leone war heiter, ausgeglichen, ohne Launen und Wutausbrüche«, sagte sie. »Gabriele ist ganz anders. Er ist ein ununterbrochener Ausbruch ständiger Veränderungen. Er schreibt Maschine, hört eine Schallplatte, geht einkaufen, kämmt sich den Bart, alles auf einmal – ein Wirbelwind.« Dann kam das Gespräch auf Schriftstellerinnen. Als junges Mädchen hatte Natalia Ginzburg schreiben wollen »wie ein Mann« und sich davor gefürchtet, »klebrig und sentimental« zu sein. Einmal war sie sogar so weit gegangen, eine Erzählung mit einer männlichen Hauptfigur in der Ich-Form zu schreiben. Doch nachdem sie ihre Kinder geboren hatte, war ihr klargeworden, daß Frauen den Männern eine Erfahrung voraus haben, die sie grundsätzlich anders sein läßt. »Den meisten Schriftstellerinnen gelingt es nicht, sich beim Schreiben von ihren Gefühlen loszulösen, sie können sich und die anderen nicht mit Ironie betrachten. Ironie gehört zum Allerwichtigsten auf der Welt, sogar die Liebe ist immer mit Ironie vermischt, sogar das Wissen, aber das scheinen diese Frauen nicht zu begreifen. Sie sind immer feucht von Gefühlen; was Abstand heißt, wissen sie nicht. Mir gefallen nur wenige Schriftstellerinnen: zum Beispiel die Virginia Woolf von ›Die Fahrt zum Leuchtturm‹, und Elsa Morante, dann eine Italienerin aus dem 19. Jahrhundert, die Marchesa Colombi hieß und ein Buch mit dem Titel ›Eine Provinzheirat‹ geschrieben hat, und Ivy Compton-Burnett, die alles im Dialog schreibt und höflich und boshaft die schlimmsten Dinge, die gräßlichsten Wahrheiten erzählt. Eine Frau muß wie eine Frau schreiben, aber mit der Distanz und der Kühle eines Mannes.«

ZWEI ABENDE SPÄTER fand dann im Nymphäum der Villa Giulia die Wahl für den *Premio Strega* statt. Natalia glaubte nicht, daß sie ihn gewinnen würde. In einem schwarzen Jerseykleid mit feinem Silberfaden, ein wenig Puder auf den Wangen, stand sie hoch aufgerichtet und scheu zwischen all den herausgeputzten Leuten. Als die Auszählung fast zu Ende war und sich abzeichnete, daß sie gewonnen hatte, begann ihr Sohn Carlo laut zu klatschen. Gleich

Natalia Ginzburg erhält 1963 den Premio Strega
oben: Links Maria Bellonci, rechts Signor Alberti, das Industriellenehepaar Falk

Tommaso Landolfi gratuliert

Mit dem Schauspieler Nino Manfredi

Bei der Feier zum Premio Strega:
Links im Vordergrund Giulio Einaudi, neben Natalia Ginzburg sitzend Giorgio Bassani

darauf war der Beifall allgemein, sie stieg verlegen aufs Podium, nahm den Scheck entgegen und ließ sich photographieren. Später, bei der Feier mit den Freunden, strahlte sie. Sie wisse nicht, ob sie je wieder Romane schreiben werde, sagte sie. Sie habe alles gegeben und nur das, was sie selbst betreffe, weitgehend ausgespart. Schreiben könne sie nur, »wenn etwas kommt«. Vorerst fühle sie sich völlig leer, wie ein »offenes Fenster, in das Eindrücke und Geschehnisse absichtslos hereinwehen«, und wolle sich ausruhen.

NACH DEM ERFOLG von »Familienlexikon« beschloß der Einaudi-Verlag, ihre kurzen Romane und frühen Erzählungen in einem Band neu herauszubringen. Natalia versah ihn mit einer Einleitung, in der sie die Entstehungsgeschichte dieser Werke skizzierte. Das Buch erschien dann aber erst im September 1964 unter dem Titel »Cinque Romanzi brevi« (»Fünf kurze Romane«). Die Verzögerung erbitterte Natalia. Sie schrieb im Juni 1964 an einen Mitarbeiter des Verlags: »Ihr hattet mir letzten Herbst gesagt, Ihr würdet alle meine Erzählungen zusammen in einem Band veröffentlichen. So ein Buch hätte sich gut verkauft, denke ich. Aber Du weißt, daß der Erfolg eines Autors überaus instabil ist. Ich hatte dieses Jahr ein bißchen Erfolg, und man hätte das Eisen schmieden müssen, solange es heiß ist. Im September wird sich das Buch nicht mehr so gut verkaufen.« Sie beklagte sich auch, bei aller Dankbarkeit und Freundschaft für Giulio Einaudi, »die, jedenfalls in mir, durch nichts ausgelöscht werden kann«, über schleppende Zahlungen der Tantiemen und Mißachtung der Autoren: »Ihr geht in Eurer Haltung gegenüber den Autoren von der – falschen – Voraussetzung aus, daß das Geld, das mit den Büchern verdient wird, keineswegs den Autoren, sondern nur Euch gehört... Und irgendwann vergeßt Ihr die Person des Autors vollkommen. So hat der Autor, wenn er Geld von Euch verlangt, den überaus unangenehmen Eindruck, Euch um einen Gefallen oder ein Darlehen zu bitten, kurz, um etwas zu betteln... Denkt daran, daß die Autoren existieren; und daß Ihr, ohne sie, so gut wie tot seid.«

Pietro: Wo ist mein Hut?
1964-1968

Im Frühjahr 1964 bot Pier Paolo Pasolini Natalia Ginzburg die Rolle der Maria Magdalena in seinem Film »Das erste Evangelium-Matthäus« an. Sie freute sich über die spannende Erfahrung, und es wurde ein wunderbarer Auftritt, bei dem sie aussieht wie eine Bäuerin. Gabriele spielte einen der Apostel. Gedreht wurde in Matera.

Natalia Ginzburg als Maria Magdalena, rechts Gabriele Baldini als Apostel

Im selben Jahr veranstaltete die Zeitschrift ›Sipario‹ eine Umfrage unter Schriftstellern, in der sie nach ihrer Einstellung zum Theater gefragt wurden. »Ich würde sehr gern eine Komödie schreiben«, antwortete Natalia. »Aber ich denke gar nicht daran. Jedesmal, wenn ich probiert habe, oben auf eine Seite zu schreiben: Pietro: ›Wo ist mein Hut?‹, habe ich mich zu Tode geschämt und mußte sofort aufhören, weil mich heftiger Widerwille überkam.« Aber die Sache reizte sie doch. Auch ihre Ambitionen, sich als Drehbuchautorin zu versuchen, fielen ihr wieder ein:

»Ich habe lange mit dem Gedanken gespielt, eines Tages an Drehbüchern für Filme mitarbeiten zu können. Aber ich habe nie Gelegenheit dazu gehabt oder es nicht verstanden, sie mir zu schaffen. Gabriele hat früher an Drehbüchern mitgearbeitet, als er noch jünger war.« Wahrscheinlich wollte sie sich eher an Drehbücher denn an Theaterstücke wagen, weil das Kino als Erzählform sie als Zuschauerin schon immer fasziniert hatte. Und auch, weil dabei keine Gefahr der direkten Berührung mit dem Publikum bestand.

Doch jetzt ging ihr diese Sache mit den Theaterstücken nicht mehr aus dem Kopf. Zudem hatte die Schauspielerin Adriana Asti, die sie gut kannte, sie gebeten, doch ein Stück zu schreiben, in dem sie, Adriana, die Hauptrolle spielen könne. Im Juli, als sie allein auf dem Land war und sich langweilte, versuchte sie es noch einmal. »Pietro: Wo ist mein Hut?« schrieb sie oben auf die Seite. Diesmal überkam sie kein Widerwille, im Gegenteil: »Giuliana: Hast du einen Hut?« fuhr sie fort und sah dabei Adrianas Gesicht mit dem ironischen Lächeln vor sich. Es entstand ihre erste Komödie: »Ti ho sposato per allegria« (»Ich habe dich zum Vergnügen geheiratet«). Nun wurde ihr klar, was bisher das Hindernis gewesen war:

»Als ich etwas schrieb, das kein Roman, sondern ein Theaterstück war, hatte ich meine Nächsten nicht wie eine dunkle Wolke, sondern als eine Gruppe von Menschen aus Fleisch und Blut vor mir, die mir fremd und irgendwie feindselig gegenüberstand, und meine Beziehung zu dieser Gruppe wirklicher Menschen, das heißt zum Publikum, war weder tief noch geheim, sondern offensichtlich, oberflächlich und mondän, und eine solche Beziehung bereitete mir Unbehagen, flößte mir Scheu und Widerwillen ein. So verstand ich, warum ich vorher nie Theaterstücke geschrieben hatte.«

»Ich habe dich zum Vergnügen geheiratet« hatte im Februar 1965 mit Adriana Asti in der Hauptrolle im Teatro Stabile in Turin

Gabriele Baldini, Natalia Ginzburg, Elsa Morante

Premiere und war ein großer Erfolg. 1967 wurde das Stück verfilmt und 1986 unter dem Titel »Adriana Monti« im Atelier in Paris aufgeführt, mit Nathalie Baye und Micheline Presle in den Hauptrollen.

Elsa Morante gefiel das Stück überhaupt nicht. Sie lud Natalia und Adriana Asti zum Abendessen in ein Restaurant ein und sagte streng: »Ich will dir die Wahrheit sagen.« Wenn sie ein Gespräch mit »Ich will dir die Wahrheit sagen« begann, stand das Schlimmste zu befürchten. »Ich finde deine Komödie oberflächlich, dumm, zuckersüß, gekünstelt und falsch!« fuhr sie fort. Sie war ernstlich böse auf Natalia, die sich fühlte, als hätte sie etwas Schreckliches angestellt. Natalias Beziehung zu Elsa Morante war wie die zu ihrer großen Schwester. Wenn sie ihr Vorwürfe machte, verstummte sie. Aber beider Wutausbrüche hinterließen keine Verletzungen. Man fühlte sich danach »betroffen und verblüfft, wie ein Hund, der in einen Bach gefallen ist, wieder herausklettert und sich schüttelt«. Natalia las hinterher ihr Stück noch einmal mit Elsa Morantes Augen, aber sie hing an ihm und befolgte Elsas Rat, das Komödienschreiben ganz aufzugeben, nicht.

ANFANG FEBRUAR 1965 starb, zweiundneunzigjährig, Natalias Vater. Er hatte das »Familienlexikon« noch gelesen, sich geärgert, aber auch gelacht. »Ich schreie doch nicht so!« hatte er protestiert, »das stimmt doch gar nicht!«.

Er war im Januar ins Ospedale San Giovanni in Turin eingeliefert worden, wo man einen Magentumor diagnostizierte. Rita Levi Montalcini, nun längst selbst eine hervorragende Wissenschaftlerin, besuchte ihn. Sie setzte sich zu ihm ans Bett. Er nahm ihre Hand in die seine, die noch stark war wie die eines jungen Mannes. »In zwei Wochen werde ich sterben«, sagte er. »Ich bedauere es nicht, ich bin sogar froh darüber. Ich habe schon zu lange gelebt.« Sie sprachen drei Stunden lang, während es im Zimmer langsam dunkel wurde. »Ohne den Versuch zu machen, der Diagnose und seiner Gewißheit des nahenden Todes zu widersprechen – eine dreiunddreißigjährige Gewohnheit hatte mich gelehrt, wie zwecklos das gewesen wäre –, fragte ich ihn, ob er leide«, schreibt Rita Levi Montalcini. »›Ja‹, erwiderte er, ›weniger wegen des Magens als wegen des Wundbrands, der vom Fuß auf das untere Drittel des rechten Beins übergegriffen hat.‹ Das linke Bein war ihm sieben Jahre zuvor, im Alter von fünfundachtzig Jahren, wegen ungenügender Durchblutung amputiert worden. Er, der begeisterte Wanderer, hatte diese schwere Verstümmelung mit einem Stoizismus aufgenommen, der uns mit Bewunderung erfüllte. Vor etwa einem Jahr hatte er die Gefährtin seines Lebens, Lidia, die er vergötterte, durch einen Infarkt verloren, und das psychische Leiden um diesen Tod, durch den er plötzlich den liebsten Menschen verlor, hatte nachgelassen, als der physische Schmerz den psychischen überwog. Mit der Zähigkeit, die stets alle seine Handlungen bestimmte, hatte er mit Hilfe eines Stocks und einer Prothese wieder gehen gelernt. Er stieg die Treppen hinauf und hinunter und wies verächtlich die Hilfe seiner Assistenten und Freunde zurück, die er mit der Hand beiseite schob, wenn sie versuchten, ihm als Stütze den Arm zu reichen.« Auch jetzt kam er gleich auf die Arbeit seiner ehemaligen Schülerin zu sprechen und zeigte, daß er genau informiert war. Als es ganz dunkel geworden war, verabschiedeten sie sich. Zwei Wochen später starb er, wie er es mit so viel Klarsicht und Abstand vorhergesehen hatte.

Natalias Beziehung zu ihm war bis zuletzt von der »heiligen Furcht« geprägt, die sie als kleines Mädchen vor ihrem Vater empfunden hatte. Ihre Kinder dagegen hatten ein herzliches, unbefangenes Verhältnis zu ihm, da er ihnen, vor allem Alessandra, die als Kind in Turin sogar manchmal in sein Institut mitgehen durfte, seine Zuneigung offener zeigen konnte.

Zum Begräbnis kamen alle Geschwister: Gino aus Ivrea, Paola, die sich nach dem Krieg von Adriano Olivetti getrennt hatte und nun mit dem Schriftsteller und Psychiater Mario Tobino zusammenlebte, aus Florenz, Mario, der sich ebenfalls nach dem Krieg von seiner ersten Frau Jeanne Modigliani scheiden lassen und wieder geheiratet hatte, aus Frankreich, und Alberto, der nach wie vor mit seiner Familie in Turin lebte. So verschieden ihrer aller Leben nun war, genügten doch wenige Worte, damit die gemeinsame Kindheit und Vater und Mutter wieder in ihnen lebendig wurden.

DEN SOMMER verbrachte Natalia längst nicht mehr im Gebirge, sondern am Meer. Gabriele hatte auf einem Grundstück oberhalb von Sorrent ein Haus bauen lassen. Es sollte dem Haus – einem alten Haus – gleichen, in dem er dort in der Gegend die Ferien seiner Kindheit verbracht hatte, aber es wurde ein modernes Haus. Sie richteten es mit Jugendstilmöbeln ein. Es lag hoch über dem Meer, weit weg von jedem Dorf, und war nur mit dem Auto zu erreichen. »Was meinst du, soll ich auch den Führerschein machen?« fragte Natalia zweifelnd. »Aber nein! Das schaffst du sowieso nicht!« antwortete Gabriele. »Ich glaube, es gefällt ihm, daß ich in vielerlei Hinsicht von ihm abhängig bin«, dachte Natalia und bestand nicht darauf.

IM NOVEMBER schrieb sie, ermutigt durch den Erfolg ihres ersten Stücks, die Komödie »L'inserzione« (»Das Inserat«). Das Stück wurde mit dem *Premio Internazionale Marzotto* ausgezeichnet. Aufgeführt wurde es 1968 am National Theatre in London unter der Regie von Laurence Olivier mit Joan Plowright in der Hauptrolle. Die meisten Kritiken waren eher negativ. Natalia war trotzdem froh und stolz auf Regisseur und Schauspieler und behielt die Premiere, zu der sie mit Gabriele nach London gereist war, in glücklicher Erinnerung.

1970 wurde »Das Inserat« mit nicht minder illustren Mitwirkenden im Teatro delle Arti in Rom aufgeführt: wieder spielte Adriana Asti die Hauptrolle, Regie führte Luchino Visconti.

Ein drittes Theaterstück entstand im Oktober 1966 : »Fragola e panna« (»Erdbeer mit Sahne«); ein viertes, »La segretaria« (»Die Sekretärin«), im April 1967. Es wurde noch im selben Jahr in Rom uraufgeführt.

Natalias Kinder hatten nicht sonderlich viel für ihre Stücke übrig. Es seien Komödien, »bei denen man im Stehen einschläft«, sagte Carlo. Sowieso bekomme er im Theater vor Langeweile immer »Juckreiz und Schweißausbrüche«.

Die Stücke erschienen dann bei Einaudi in einem Band mit dem Titel »Ti ho sposato per allegria e altre commedie« (»Ich habe dich zum Vergnügen geheiratet und andere Komödien«).

»Ihre Sprache, ihr Theaterstil wird reicher, ihre Personen bewegen sich immer selbstverständlicher auf der Bühne: Das Spiel macht dem Drama Platz«, erklärt Elena Clementelli. »Die Grenzen zwischen Erzählen und Theater verfließen, ›das Tragische des Alltags‹ wird wieder dominant, und nun wird der schmerzliche, ironische, bittere und grausame Faden der Erzählungen und Romane im Scheinwerferlicht weitergesponnen. Giuliana, Teresa, Barbara, Titina, Sofia, die Frauen in Natalia Ginzburgs Theater, sind Schwestern von Delia, von Anna, von Caterina, von all den nicht immer mit Namen versehenen Frauengestalten, die in den Romanen leben, lieben, weinen und drohen; und alle verkörpern die Probleme und Tragödien einer einzigen Frau, sind Facetten eines Archetypus, der sich immer treu bleibt.«

NATALIA WAR INZWISCHEN vierfache Großmutter. Im September 1963 hatte Alessandra eine Tochter bekommen, Barbara. Im Oktober 1966 wurde Carlos zweite Tochter Lisa geboren, und einen Monat später, in Amerika, Andreas Sohn Simone. Andrea hatte Marina Rossi Doria, die Schwester von Carlos Frau, geheiratet und lebte zu der Zeit in Boston. Natalia freute sich sehr über die »süße Nachkommenschaft« und war, wie früher ihre Mutter, besonders besorgt um das leibliche Wohl ihrer Enkelkinder.

Im Frühling 1967 reiste sie mit Gabriele nach Amerika, denn Andreas Sohn kannte sie bisher nur von Photos. Es war ihr erster interkontinentaler Flug. »Sehr viele Stunden lang war es Nachmittag, das Flugzeug brummte scheinbar bewegungslos in einem tiefblauen Himmel und über schneeweiße Wolkenbuckel, und die Sonne dachte nicht im Traum daran unterzugehen; dann wurde es plötzlich finster und regnete.« Während sie durch heftiges Gewitter vom Flughafen zu Andrea fuhren, fiel Natalia ein Buch ein, das sie mit neun Jahren gelesen hatte und das in Boston spielte. Sie fand, die wirkliche Stadt sei der aus der Kindheitslektüre gar nicht unähnlich. Anders als Gabriele, war sie nicht neugierig auf fremde

Städte. Sie wollte endlich Simone sehen. »Er lag wach in seinem Bett, trug einen weißen Strampelanzug aus Baumwolle und spielte mit einer platten Katze aus rotem Wachstuch. Er hatte kein einziges Haar auf dem Kopf und schmale, schwarze, ironische, sehr aufmerksame und durchdringende Augen.« Andrea und seine Frau erzählten ihr gleich nach der Ankunft von ihrem Plan, mit dem Kind eine Reise in die Rocky Mountains zu machen. Natalia war entsetzt, beschimpfte und beschwor sie, dem kleinen Kind so etwas nicht anzutun. Umsonst. Die beiden trafen unbeirrbar beängstigende Vorbereitungen, und Simone saß unterdessen ahnungslos auf der Holzveranda und blickte um sich »wie Dschingis-Khan«. Sie fuhren alle zusammen los und durchquerten gemeinsam einen Teil der Vereinigten Staaten. Dann trennten sich ihre Wege. »Ich hätte wer weiß was dafür gegeben, wenn ich das Kind nach Italien hätte mitnehmen können, in den Schatten dichtbelaubter Bäume.«

Mit Enkel Simone in Amerika

Einige Tage vor der Rückreise schlug Gabriele Natalia vor, ins Kino zu gehen. Er fuhr und fuhr mit dem Auto durch die Stadt, und plötzlich sagte sie: »Aber du fährst ja gar nicht zum Kino, du zeigst mir die Stadt!« Er hatte sie überlistet.

DER SOMMER gehörte wieder dem Haus über dem Meer. Auch ihre Kinder pflegten mit ihren Familien einen Monat dort zu verbringen. Italo Calvino und andere kamen zu Besuch. Carmelo Samonà, ein langjähriger Freund der Familie, war gern gesehener Gast. Sie gingen an den Strand hinunter, aber Natalia traute sich nie sehr weit ins Wasser. Sie badete gern, konnte aber nicht schwimmen. Während die anderen weiter hinausschwammen, legte sie sich in den Liegestuhl und rauchte eine Zigarette der Marke Stop ohne Filter. Abends waren oft Gäste da, es wurde gegessen und getrunken, und alle unterhielten sich lebhaft. Nur Natalia schlief, da sie auch in den Ferien früh um vier Uhr aufstand, um zu schreiben, meistens irgendwann auf ihrem Stuhl ein. Wachte sie wieder auf, lächelte sie in die Runde, sagte ein paar Worte, als sei nichts gewesen, und niemand konnte ihr böse sein.

1968 KEHRTE ANDREA mit seiner Familie aus Amerika nach Italien zurück. An den Universitäten gärte es, und es gab große Demonstrationen und Straßenkämpfe. Natalia hatte zwar seit Anfang der fünfziger Jahre ihre Mitgliedschaft bei der KPI nicht erneuert, fühlte sich der Partei aber weiter verbunden. Sie blickte hoffnungsvoll auf den »Prager Frühling« und Dubčeks Versuch, einen »Sozialismus mit menschlichem Antlitz« aufzubauen, der allerdings nach wenigen Monaten von sowjetischen Panzern brutal beendet wurde. In der Diskussion mit ihren Kindern um die Studentenunruhen sagte sie skeptisch zu Carlo: »Findest du es nicht auch seltsam, daß das lauter Kinder reicher Leute sind?« Ihre Kritik ging in die gleiche Richtung wie die Pier Paolo Pasolinis, der im Juni – am Tag nach der Demonstration, bei der die Studenten zum erstenmal nicht vor der Polizei zurückgewichen, sondern zum Angriff übergegangen waren – in der ›Unità‹ sein Pamphlet in Versen »Die KPI an die Jugend!!!« veröffentlichte:

Als ihr euch gestern ... geprügelt habt
mit der Polizei
habe ich mit den Polizisten sympathisiert!
Weil die Polizisten Kinder armer Leute sind (...)
gestern erlebten wir demnach ein Stück
Klassenkampf: und ihr, Freunde (obgleich auf der Seite der
Vernunft) wart die Reichen
während die Polizisten (auf der Seite
des Unrechts) die Armen waren. Ein schöner Sieg also
den ihr da errungen habt!

Langhaarige Studenten aus dem Bürgertum, die ihren Haß auf überkommene Autoritäten an jungen proletarischen Polizisten aus dem Süden auslebten, das war für ihn verkehrte Welt. Wie Natalia Ginzburg sah auch er den »studentischen Mai« weniger als revolutionäre Bewegung denn als Kampf zwischen alter und neuer Generation.

Natalia erschrak immer noch, wenn ein Polizist auf sie zukam: selbst wenn sie neben Gabriele im Auto saß und es nur um einen harmlosen Strafzettel ging. Die Erfahrungen der Verfolgung blieben unvergessen. Es war eine physische und psychische existentielle Bedrohung gewesen.

Aber trotz ihrer kritischen Haltung gegenüber der 68er-Bewegung fühlte sie sich ein Leben lang zur Jugend hingezogen. »Für die jungen Leute von heute habe ich viel Toleranz, viel Sympathie, ich finde, sie haben mehr Qualitäten als wir damals.« Die Entschlossenheit gefiel ihr. Ihre eigene Jugendzeit war von Zaudern und Unsicherheit geprägt gewesen. Ihre Generation habe zwar, fand sie, innere Kraft, aber keine Autorität entwickeln können und sei vielleicht zu jung für ihr Alter, jedenfalls unfähig zu befehlen.

»Du kannst dich nicht durchsetzen«, warfen ihre Kinder ihr oft vor, verboten ihr aber gleichzeitig, bei den Enkeln ihre alten, angeblich autoritären Erziehungsmethoden anzuwenden, wenn sie sie einmal in ihrer Obhut ließen.

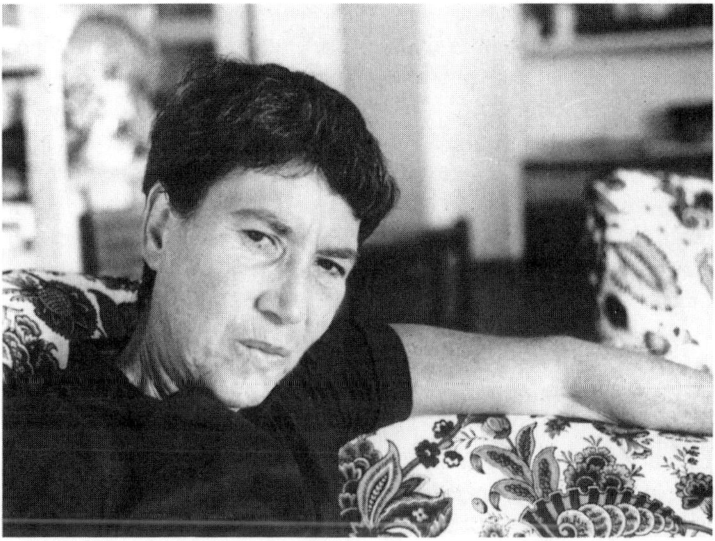

NATALIA WAR NUN zweiundfünfzig Jahre alt und sah in den Spiegel. »Das erste, was bei den Frauen alt wird, ist der Hals«, schrieb sie in ihrem Artikel »Le donne« (»Die Frauen«), den sie im Juni 1971 veröffentlichte. Sie versuchte, von ihrer Gewohnheit Abstand zu nehmen, sich Gesicht und Hals mit Seife zu waschen. Sie wußte nicht mehr, was sie anziehen sollte. Vor nichts graute ihr mehr als davor, »jenes lächerliche, unsympathische und traurige Tier zu werden, das ›eine Frau mittleren Alters‹ genannt wird«. Dann lieber gleich eine »verehrungswürdige« Großmutter mit schlohweißen Locken wie aus dem Märchen. Aber sie konnte ja weder sticken noch stopfen. Diese Dinge hatte sie in ihrer Jugend gehaßt, wie alles, was sie als unwesentlich empfand. Daran hatte sich nichts geändert, und sie fragte sich, warum sie sich überhaupt mit »so idiotischen Problemen« herumschlug.

Eigentlich ging es doch um etwas anderes. Die Gegenwart erschien »unbewohnbar«, »dunkel« und »unentzifferbar«, wies nur noch »blasse Spuren« ihrer gewohnten Welt auf. Würden sich ihre Augen je an diese Dunkelheit gewöhnen? Oder würde sie blind umherirren wie eine »Schar wahnsinnig gewordener Mäuse in einem Brunnenschacht«? Und würden die anderen sie noch wahrnehmen? Sie fürchtete die Langeweile des Alters, die Versteinerung, »das Ende des Staunens«: »Bis heute schritten wir in den Jahren fort und waren stets von lebhafter Neugierde für die beseelt, die nach und nach unsere Altersgenossen wurden; jetzt dagegen fühlen wir, daß wir uns auf eine Grauzone zubewegen«, hatte sie schon im Dezember 1968 in ihrem Essay »Das Alter« geschrieben, der in der Tageszeitung ›La Stampa‹ erschienen war. »Dabei haben wir doch immer den Durst und das Fieber, die unruhige Suche und die Fehler geliebt. Aber bald werden uns auch die Fehler verwehrt sein. Wir werden sowohl die Fähigkeit verlieren zu staunen als auch die, andere in Staunen zu versetzen.« Noch staunte sie darüber, wie klug und umsichtig sich ihre Kinder in der Gegenwart bewegten. Das machte sie ihnen gegenüber »demütig und manchmal auch feige«. Allerdings waren die Kinder »von klein auf daran gewöhnt, uns offen zu sagen, daß wir noch nie etwas verstanden haben«. Vielleicht liebten sie diese veränderte Welt sogar. »So ermessen wir die ungeheure Distanz, die uns von der Gegenwart trennt, sehen, wie wir jede enge Bindung an die Gegenwart gelöst hätten, wenn wir nicht noch in die schmerzlichen Irrungen und Wirrungen der Liebe verstrickt wären.« Und sie staunte über den Gleichmut, mit dem sie trotz allem der Aussicht entgegenging, zum »alten Eisen« oder auch zu den »ruhmreichen Ruinen« zu gehören. Die wichtigste Frage blieb: Würde sie dann noch Bücher schreiben?

Vorerst schrieb sie weiter regelmäßig Artikel, Filmkritiken und Buchbesprechungen für ›La Stampa‹, den ›Corriere della Sera‹, ›L'Unità‹, ›Il Mondo‹ und andere Zeitungen.

Gesprächspartner
1969-1976

Im Juni 1969 erkrankte überraschend Gabriele Baldini. Er starb mit neunundvierzig Jahren im Ospedale San Giacomo in Rom an einer Virushepatitis.

Die Wohnung am Campo Marzio versank in Schweigen. Tapfer überwand Natalia jeden Morgen neu die Stille beim Aufstehen, stürzte sich in den geregelten Alltag, trank ihren Kaffee und rauchte, arbeitete, ging zum Einkaufen. Die Kinder stützten sie. Alessandra war gerade aus Pisa zurück nach Rom gezogen und kam regelmäßig mit ihrer Tochter zum Mittagessen. Am Nachmittag kamen oft Freunde. Aber gegen Abend, wenn auch die Haushaltshilfe gegangen war, wog die Einsamkeit schwer.

Eines Nachmittags stand sie am Fenster und wartete auf ihren Enkel Simone. Er war nun schon über drei Jahre alt und hatte gerade eine Schwester bekommen. Ernst »wie ein kleiner Emigrant«, sah sie ihn an Andreas Hand über die Straße gehen. »Die Welt hatte sich ihm wandelbar und unstabil gezeigt, vielleicht war in ihm ein verfrühtes Bewußtsein aufgekommen, daß die Dinge bedrohlich und flüchtig waren und daß ein menschliches Leben sich selbst genug sein muß.« Er kam ihr vor wie »ein kleiner Jude ohne Land, der mit seiner Tasche die Straße überquerte«.

Carlo zog nach Bologna, wo er an der Universität unterrichtete, kam aber jede Woche nach Rom, um seine Töchter zu sehen. Er wohnte dann immer bei seiner Mutter. Die Beziehung zu den Enkelkindern war für Natalia das Schönste auf der Welt.

Wenn sie etwas geschrieben hatte, wartete sie um so ungeduldiger auf Carlos Besuche, denn »zwei Gefahren drohen dem, der schreibt: die Gefahr, zu gut und zu tolerant mit sich selbst zu sein, und die Gefahr, sich zu verachten«. Deshalb waren drei oder vier verläßliche Gesprächspartner lebensnotwendig: um weder in Eitelkeit zu verfallen noch in Selbsthaß, der »Gedankenleichen« hervorbringt, »sperrig und schwer wie tote Vögel«. Anfangs glaubte sie, ihre Kinder könnten niemals diese Rolle übernehmen, da sie entweder »überkritisch und von erbarmungsloser Strenge« oder im Gegenteil zu nachsichtig seien. Dann entdeckte sie, daß es doch möglich war. Carlo setzte sich zu ihr aufs Sofa, las, was sie ihm vorlegte, sprang auf und sagte ihr sofort »mit fröhlicher und wüster Überheblichkeit« die schlimmsten Beleidigungen. Sie mußte darüber lachen, er auch. »Lachen und Vergnügen sprühen aus seinen kohlschwarzen Augen, seinem schwarzen, struppigen, wilden Kopf. Ich glaube, mich zu beleidigen, ist eine der Freuden seines Lebens. Seine Beleidigungen anzuhören, ist gewiß eine der Freuden meines Lebens.« Das höchste Lob aus seinem Mund war: »Nicht schlecht.« Wenn Andrea gelegentlich etwas las, beschimpfte er sie nie; sein Urteil war »sanft, lächelnd und unerbittlich«.

Cesare Garboli dagegen, mit dem sie ebenfalls kontinuierlich ihre Texte besprach und der sie schon durch seinen Anblick zum Schreiben anregte, verdankte sie »unzählige Ratschläge«. Vielleicht vergaß er, kaum zur Tür hinaus, alles sofort wieder, »um seine Aufmerksamkeit anderen Personen und Schriften zu widmen«, denn er war »als Mensch unruhig und gar nicht geduldig«. Aber solange das Gespräch dauerte, bewies er »eine Engelsgeduld«. Und auch nach langen Abwesenheiten nahm er »den Dialog wieder auf, als wäre er nie unterbrochen gewesen«. Nur ihre Theaterstücke »verlor« er regelmäßig, und sie wußte nie, ob vor oder nach dem Lesen.

Über die Stücke sprach sie gewöhnlich mit einer Freundin.

ANFANG JANUAR 1970 erschien, auf Natalias Initiative, posthum bei Einaudi Gabriele Baldinis Buch »Selva e torrente« (»Wald und Wildbach«), und Giulio Einaudi schrieb ihr: »Hier das erste Exemplar von Gabrieles Buch, das ich mit besonderer ›Sympathie‹ veröffentlicht habe.«

Im Mai des gleichen Jahres schrieb sie wieder eine Komödie, mit dem Titel »Dialogo« (»Dialog«), diesmal »für niemand«.

Im Sommer fuhr sie in das Haus über Sorrent, aber seit Gabriele nicht mehr da war, machte es ihr keine Freude mehr. Sie wollte es verkaufen und ein anderes Haus suchen, das leichter zu erreichen war, möglichst in einem Dorf, wo es im Umkreis von zweihundert Metern eine Apotheke, einen Arzt und einen Zeitungskiosk gab und sie nicht erst ein Stück zu Fuß gehen und dann den Bus nehmen mußte, wenn sie zum Einkaufen oder ans Meer gehen wollte.

EBENFALLS 1970 stellte Natalia Ginzburg ihre ab Dezember 1968 in der Turiner Zeitung ›La Stampa‹ erschienenen Artikel und einige noch unveröffentlichte Texte unter dem Titel »Mai devi domandarmi« (»Nie sollst du mich befragen«) zu einem Band zusammen, den sie Gabriele Baldini widmete. Als Motto wählte sie einen Vers des Lyrikers Sandro Penna:

> Doch du bleibst nun auf dem Weg
> unbekannt und ohne Ende.
> Du verlangst vom Leben nur noch,
> daß es so bleibt, wie es ist.

»Es ist mir nie gelungen, ein Tagebuch zu schreiben«, äußerte sie dazu, »diese Texte sind vielleicht so etwas wie ein Tagebuch.« Dinge, die ihr im Lauf der Zeit durch den Kopf gingen: autobiographische Erzählungen, in denen sie immer wieder den Standpunkt der Heranwachsenden einnimmt und die Welt der Erwachsenen befragt, Besprechungen von Büchern und Filmen, Theaterkritiken, Überlegungen über die Existenz oder Nicht-Existenz Gottes (»Sul credere e non credere in Dio«) und das kritische Selbstbildnis »Ritratto di scrittore« (»Portrait eines Schriftstellers«): »In dem Augenblick, in dem er das Wahre erzählen will, verliert er sich in der Betrachtung der Gewalt und Unermeßlichkeit... Es kommt ihm so vor, als sei Erfinden für ihn, wie wenn er mit einem Wurf kleiner Kätzchen spielt; das Wahre zu erzählen ist für ihn, als bewegte er sich mitten in einem Rudel Tiger.« Doch »in den besten Augenblicken war und ist Schreiben für ihn: die Erde bewohnen«.

Wie schon in den »Kleinen Tugenden« weigert sie sich auch in diesen Essays konsequent, sich den Regeln des männlichen Denkens anzupassen oder sich einer Fachsprache zu bedienen. Es interessiert Natalia Ginzburg nicht, sich mit anderen Essayisten auf deren Terrain zu messen, sondern sie geht mit instinktiver Systematik stets von ihrem eigenen Erleben aus. Allerdings, schreibt Cesare Garboli, staune er über ihre Fähigkeit, »Aufrichtigkeit, allergrößte Aufrichtigkeit, mit Verschweigen zu vereinbaren«. Es sei »unverwechselbar«, ein »unnachahmliches Stilelement«, wie es ihr gelinge, immer von sich selbst zu sprechen, ohne je etwas über sich zu sagen. »Was ist Verschweigen anderes als das ambivalente Mittel, das uns, unausgesprochen, die Totalität des Wahren ausdrücken läßt?«

Da die Probleme mit dem Einaudi-Verlag anhielten – »Wenn Du einmal ein Buch gedruckt hast, verschwindet die Gestalt des Autors im Reich der Schatten« –, erschien das Buch bei Garzanti.

IM MAI 1971 reiste sie mit einer Delegation nach Rußland, in das Land von Tschechow und Leone. Aber Reisen war noch immer ihre Sache nicht. Sie gehörte eher zu den »seßhaften Tieren«, die befürchten, »in einen falschen Zug oder ein falsches Flugzeug zu steigen, die falschen Kleider mitgenommen und die Koffer schlecht gepackt zu haben«, und die sich in der fremden Stadt im Hotelzimmer verkriechen wie in den »Schoß einer Stiefmutter, in dem sie keinerlei Liebe finden, in dem sie aber dennoch die einzige Wärme suchen, die das Leben ihnen bieten kann«. Unterwegs zu sein erinnerte sie an Flucht und Emigration, und nicht einmal die Heimreise war ein Lichtblick: weil »ungeschickte Reisende« wie sie »den Verdacht hegen, während ihrer Abwesenheit sei an den gewohnten Orten etwas ihnen Fremdes und Feindseliges aufgekommen«. Erst wenn sie wieder zu Hause war und ihre Gewohnheiten wiedergefunden hatte, konnte sie einen »feinen Genuß« empfinden, wenn sie sich an die gewonnenen Eindrücke erinnerte.

Während sie die Koffer auspackte und ihre Schubladen aufräumte, dachte sie an ihre Mutter und summte »Nie sollst du mich befragen«, ziemlich falsch, das wußte sie, aber wenn sie allein war, kümmerte es sie nicht. »Ich habe manchmal den Eindruck, daß ich vielleicht die Musik liebe und die Musik mich nicht liebt. Sie befand sich vielleicht nur einen Schritt weit entfernt, und ich habe es nicht verstanden, den schmalen Raum zu überbrücken, oder sie hat es nicht gewollt.« Ihr Sinn für Musik zeigte sich in der Musikalität ihrer Sprache, die von den Kritikern gerühmt wurde. Und wenn ihr Arien einfielen, die sie in der Oper nicht verschlafen, sondern voll Aufmerksamkeit angehört hatte, durchwehte sie »ein Schauer der Fröhlichkeit und der Kälte, der, vielleicht, die Liebe zur Musik in mir ist«.

Es wurde wieder Sommer, und alle machten Pläne für die Ferien. »Ich hasse den Sommer«, sagte Natalia zu Gabrieles Schwester, mit der sie jeden Morgen telefonierte. »Wer allein ist, spürt auf einmal das genaue Maß seiner Einsamkeit. Das Licht des Sommers beleuchtet erbarmungslos unser Schweigen, unsere bewegungslose, von alten und neuen Katastrophen umgebene Person.« Sie haßte die leere Stadt, die Unterbrechung des Alltagsrhythmus, die Kinos, die im August nur schlechte Filme spielten. Sie fühlte sich »wie auf der Anklagebank, wie bei einem Verhör dritten Grades«. Erst wenn gegen Ende August die ersten Herbststürme kamen, war der »Alptraum« vorbei. Im Herbst schrieb sie auch meistens etwas.

Vor Weihnachten schmückte sich das chaotische, sonst nur aus Stein bestehende Rom mit künstlichen Christbäumen, Lichterketten, Schneeflocken aus Watte, roten Teppichen und Weihnachtsmännern. Aber Kälte, Schnee und Eis wie in Turin kannte Rom nicht; die »Zeichen des Winters« wirkten an der Stadt »wie falsche Brillanten und wertloser Modeschmuck, wie die auffälligen und lumpigen Pelzmäntel einer billigen Hure«. Unterwegs auf der Suche nach Weihnachtsgeschenken, dachte Natalia an ihre Kindheit zurück. In ihrer jüdischen Familie gab es keinen Weihnachtsbaum, aber Natalia besuchte mit Begeisterung ihre Freundinnen, die einen Baum zu Hause hatten. In dem Winter ihrer langen Krankheit war das nicht möglich gewesen, und zum Trost versprach ihre Mutter, ihr ein Bäumchen zu kaufen. Doch bis sie ihr Vorhaben in die Tat umsetzte, war es März geworden, und es gab keine Tannenbäumchen mehr. Also brachte sie eine Art kleine Palme mit heim, an die sie mit weißem Faden Bonbons gebunden hatte. Natalia war empört. Jedes Jahr zu Weihnachten fiel ihr diese Enttäuschung wieder ein, aber sie lächelte dabei. »Da die Enttäuschungen nicht von der Gleichgültigkeit, sondern von der Zerstreutheit oder Unordentlichkeit der anderen ausgelöst wurden,

Rom, Weihnachten 1970

glaube ich, daß sie heilsam für mich waren, denn Enttäuschungen ertragen zu lernen ist das, was wir im Lauf unserer gesamten Existenz immer wieder tun müssen.«

1972 PLANTE DER Einaudi-Verlag, eine mit Anmerkungen versehene Ausgabe des »Familienlexikons« als Lektüre für die *scuola media*, die sechste bis achte Klasse der Pflichtschule, herauszubringen. Natalia war einverstanden, wollte aber so wenige Anmerkungen wie möglich. »Wenn die Kinder nicht wissen, wer Dante ist, sollen ihre Lehrer es ihnen sofort erklären!« schrieb sie erbost im März 1972 an den Verlag, und auch Proust könne man nicht in zwei Worten abhandeln, also solle man sich lieber auf die reinen Daten beschränken.

IM MAI 1972 fanden, zum ersten Mal in der Nachkriegsgeschichte Italiens, vorgezogene Parlamentswahlen statt. Natalia Ginzburg schrieb danach in einem Artikel, sie wundere sich doch sehr, daß im nachhinein immer alle Parteien behaupteten, sie hätten gewonnen, auch wenn sie verloren hatten. »Wenn ich Chef einer Partei wäre, würde ich im Falle einer Niederlage an jeder Straßenecke laut herausschreien, daß ich verloren habe. Ich denke, daß die Wahrheit, in der Politik wie anderswo, gesund und kräftigend ist.« Zwar erklärte sie ihre Inkompetenz: »Es gibt Menschen, die nichts von Politik verstehen. Dazu gehöre ich.« Aber nur, um selbstbewußt fortzufahren: »Die Menschen, die etwas von Politik verstehen, können sich gar nicht vorstellen, wie es in denen aussieht, die nichts davon verstehen. Deshalb möchte ich es ihnen erklären, da ich es weiß.« Politische Ereignisse ließen sie durchaus nicht kalt, sie »glühe« vielmehr manchmal »vor Haß oder Empörung oder Zustimmung und Leidenschaft«. Wenn sie zum Wählen gehe, komme es ihr vor, als müsse sie »einer Partei die Hand schütteln oder sie auf beide Wangen küssen«, daher wähle sie »emotional und blind« und folge nur ihrer Sympathie. Was sie sich wünsche, sei eine »luftige, leichte, unsichtbare, eine schwache Regierung«. Doch gebe es in Wirklichkeit immer »Lärm, Übergriffe, Lügen jeder Art im öffentlichen Leben«, und für Schwäche, für eine »einzig auf geistige Werte wie Gerechtigkeit, Wahrheit und Freiheit gegründete Regierung ohne Geld und ohne Waffen« sei offenbar kein Platz in der lauten, blutrünstigen Politik. Das Wort »Wahrheit« werde kaum benutzt, und »was die Freiheit und die Gerechtigkeit angeht, sagen sie dir, es sei notwendig, sie eine Zeit lang mit Waffen, Polizeigewalt und Gefängnissen, also mit Stärke zu verteidigen, dabei haben wir doch einen unbezwinglichen Wunsch nach Schwäche.«

Gegen Polizeigewalt als einzig mögliches Mittel wandte sie sich auch nach dem Massaker bei den Olympischen Spielen in München 1972, als nach der Geiselnahme israelischer Sportler durch die palästinensische Gruppe Schwarzer September und der mißlungenen Befreiungsaktion durch die Sondertruppe GSG 9 alle Geiseln und Geiselnehmer umkamen. In ihrem »Die Juden« überschriebenen Artikel vom 14. September schrieb sie: »Wenn auf der Welt ein Unglück geschieht, denken wir unwillkürlich darüber nach, wie wir selbst gehandelt hätten... Wenn ich Golda Meir gewesen wäre, hätte ich die zweihundert Gefangenen freigelassen, wie die Guerillakämpfer es verlangten... Wenn ich der Befehlshaber der deutschen Polizei gewesen wäre, hätte ich zugelassen, daß die Guerillakämpfer unversehrt gehen... Wenn es auch nur den winzigsten Bruchteil einer Möglichkeit gegeben hätte, daß es einer der israelischen Geiseln gelingen könnte, sich zu retten, hätte dieser winzige Bruchteil von allen als wesentlich angesehen werden müssen.« Denn damit hätte man »der Welt eine Lektion erteilt, nicht Schwäche, sondern Stärke gezeigt – Stärke des Geistes«. Sie betonte ihre persönliche Betroffenheit: »Ich bin Jüdin. Alles, was die Juden betrifft, geht mich, so scheint mir, direkt an.« Doch bestehe zwischen dem Tod der israelischen Geiseln und dem der Kinder in Vietnam kein Unterschied außer dem, daß wir täglich vietnamesische Kinder im Fernsehen sterben sähen und uns daran gewöhnt hätten. Daß in Vietnam Krieg herrsche und die Olympiade »eine Insel des Friedens« darstellen wolle, ließ sie nicht als Argument gelten. Das Blut der Juden sei nicht anders als das anderer Menschen. Auch sie selbst habe manchmal gedacht, »die Juden Israels hätten Rechte und Vorrang vor anderen, da sie die Vernichtung überlebt hatten«. Sie habe an ihnen »die Erinnerung an den Schmerz, die Zerbrechlichkeit, den unsteten Schritt und die vom Schrecken gebeugten Schultern« geliebt, doch nun unterdrückten sie mit Hilfe von »Waffen, Geld und Kultur« die Araber, »arme Bauern und Hirten«. Das sei vielleicht erklärbar, aber gleichwohl schrecklich. Wenn man das Abschlachten Unschuldiger mit angesehen und erlitten habe, gebe es nur eine einzige Wahl: »auf der Seite jener zu stehen, die zu Unrecht sterben oder leiden.«

SEIT ZEHN JAHREN, seit dem »Familienlexikon«, hatte Natalia keinen Roman mehr veröffentlicht, sondern Komödien geschrieben und sich immer nachdrücklicher mit Zeitungsartikeln ins öffentliche Leben eingemischt. Mit jener dritten Person, die in den Essays zu ihrer besten Chiffre wurde, die sich aber in den erzählenden Texten nicht einstellen wollte. Ihr schien, man könne keine Romane mehr schreiben. »Ich denke, daß das Erfinden, das früher eine blühende und vitale Tätigkeit gewesen sein muß, uns heute unsere schmerzlichsten Verluste vor Augen führt: die Abwesenheit von Beziehungen mit unseren Mitmenschen; die Abwesenheit einer Zukunft; die Abwesenheit moralischer Werte; und letztlich zeigt es uns das Maß unserer Ohnmacht und Einsamkeit.«

Darum geht es in ihrem neuen Roman »Caro Michele«, den sie nun zu schreiben begonnen hatte und der 1973 bei Mondadori erschien. Er handelt von einer wohlhabenden Familie des römischen Bürgertums, deren auseinandergerissene Mitglieder sich nicht mehr an einem Wort aus der Kindheit wiedererkennen können wie im »Familienlexikon«. Sie schreiben sich Briefe, in denen jeder für sich nach der Wahrheit sucht, und gleichen »Splittern, Bruchstücken, ins Leere geschleudert von einer Explosion, die so lautlos ist, daß sie eher einer unerklärlichen Krankheit ähnelt«, so Cesare Garboli über »Caro Michele«. »Nicht, daß jeder eine andere Sprache spräche. Jeder hat Mühe, eine Sprache für sich selbst zu finden, als sei die Zeit, in der man Botschaften austauschte, vorbei, die Lust, Gesprächspartner zu haben, für immer vergangen.« Es entsteht ein trostloses Bild der »vaterlosen Gesellschaft«, in der alle Gewißheiten und Werte der Elterngeneration unglaubwürdig, nicht mitteilbar sind, und die Jungen ein »Streunerleben« führen. Am Ende des Buches stirbt Michele, die Titelgestalt, vielleicht in einer linken oder terroristischen Gruppe aktiv, bei einer Studentendemonstration in einer fremden Stadt eines gewaltsamen Todes: »Eine Gruppe Faschisten verfolgte ihn, und einer von ihnen hat ihn erstochen. Es scheint, als kannten sie ihn.«

Ein wachsendes Gefühl von Verunsicherung und geheimnisvoller Kälte durchzieht den Roman, Ironie allein genügt nicht mehr, um sich gegen Zweifel, Ängste und Beunruhigungen zu wehren.

Sie habe alle Dinge bei ihrem Namen nennen wollen, sagte Natalia Ginzburg selbst in einem Interview: »Heute, in einer irrealen Welt, einer Wüste, klammert man sich an die Steine, betrachtet sie, sieht nach, wie sie gemacht sind, diese Steine. Denn es gibt sehr wenige Sachen, deren man sicher ist. Das Alka-Seltzer ist zum Beispiel eine sichere Sache, oder der Nescafé.« Und weiter: »In ›Caro Michele‹ sind die Frauen sehr allein. Ich will nicht sagen, daß die Frauen früher weniger einsam waren, aber es war anders. Sie hatten starke Männer neben sich und waren vielmehr Opfer der Männer. In unserer Zeit haben die Frauen berechtigterweise einen großen Schritt nach vorn getan, und die Männer fühlen sich angesichts dieser Entwicklung der Frauen schwach.«

IM SELBEN JAHR wurde bei Einaudi auf Natalias Empfehlung ein lange vergriffenes Buch neu aufgelegt, das Natalia in ihrer Kindheit über Jahre hinweg gleichsam als Schule des Schreibens immer wieder gelesen hatte: das schon erwähnte »Eine Provinzheirat« von Marchesa Colombi. Als Einaudi sich zum Druck entschloß, bat er Natalia um ein Vorwort. Sie versuchte sich auf die Qualitäten des Romans zu besinnen, doch sie waren ihr »unbekannt wie die Qualitäten der Bücher, die wir selbst geschrieben haben. Sie liegen, vergöttert und verhaßt, in den tiefsten Falten unserer Existenz... Was ich damals seltsam fand, war eine Art, die Personen und die Tatsachen darzustellen, ohne sie rosig zu färben oder sie in eine erhabene Sphäre zu erheben... Viel später entdeckte ich, daß ich, als ich selbst daran dachte, Romane zu schreiben, gehofft hatte, Orten und Personen die gleichen bitteren und fröhlichen Züge zu verleihen, die sie hier trugen. Allerdings hatte ich es gar nicht gemerkt: ich bewahrte diesen Roman immer noch im Gedächtnis, doch irgendwann hatte ich ihm keinerlei bewußte Aufmerksamkeit mehr geschenkt.«

Dank seiner Nähe zur Wirklichkeit hatte sie ihn verinnerlicht wie eine erlebte Erinnerung. Sie freute sich, daß er nun wieder in die Buchläden kommen sollte, und war gespannt auf die Reaktion anderer Leser.

Die Schwierigkeit, in der heutigen Zeit Schriftsteller zu sein, beschäftigte sie. Es gab zwei Möglichkeiten, Romane zu schreiben, eine »wie mit dem Rechenschieber« ausgeklügelte, konstruierte, und eine, bei der man die Wahrheitsfetzen aufsammelte, die man um sich fand. Die Aufgabe war ja, die Wirklichkeit zu erzählen, problematisch war der Umgang mit der Zeit, dem wesentlichen Element des Erzählens. »Der Gedanke an die Zeit verursacht ihm Haß. Die Gegenwart ist ihm feindlich, er findet in ihr weder Atem noch Raum, und die Vergangenheit ist ihm feindlich, weil er in ihr die Wurzeln alles jetzigen Unglücks erkennt, und was die Zukunft angeht, empfindet er keinerlei Gefühl, weil er nicht den Eindruck hat, man könne an die Zukunft glauben.« Deshalb ist der Gebrauch der Verben schwierig, der Gebrauch der dritten Person ist gefährlich »wie ein Tiger«, und setzt man versuchsweise die erste an ihre Stelle, steht einem sogleich hinderlich das Bild der eigenen Person vor Augen. Dennoch wußte sie, daß sie nur noch schreiben konnte, wenn sie »ich« sagte. Es sollte aber kein im engen Sinn autobiographisches »ich« mehr sein. Den Ausweg bildete der Briefroman, in dem mehrere »ich« zu Wort kommen konnten.

Sie fragte sich generell nach der Bedeutung, die der Poesie im weitesten Sinn, also Lyrik und Prosa, zukam. »Die Poesie ist weder nützlich noch unnütz, sondern ungerechtfertigt und unverständlich wie die Realität selbst... Sie bewahrt uns nicht vor Fehlern, sie heilt nicht unsere Wunden, sie adelt nicht unsere Schuld und bietet keinerlei genaue Anweisung darüber, wie man sich bei individuellen oder universellen Unglücken und Katastrophen zu verhalten habe.« Aber wenn sie gelang, wirkte sie wie ein das Subjektive objektivierender Spiegel der Wirklichkeit.

Zu den wahren, großen Dichtern Italiens zählte Natalia Ginzburg Italo Svevo, Umberto Saba, Carlo Emilio Gadda, Eugenio Montale, Antonio Delfini, Elsa Morante und Sandro Penna. Sie liebte auch noch einige andere, aber Größe besaßen für sie nur die Genannten.

Über »La storia« schrieb sie 1974, es sei eine wunderbare Erfahrung für einen Romanschriftsteller zu sehen, daß Elsa Morante darin »freigiebig und voll Demut«, für alle, ohne jede Einschränkung, eine Welt von Menschen und Gedanken und Begebenheiten geschaffen habe. Man habe beim Lesen plötzlich das Gefühl, daß lange für unmöglich gehaltene Dinge geschehen könnten. »Daß die Berge kopfstehen oder das Meer seine Farbe verändert hat.«

EBENFALLS 1974 beschloß sie, erneut aus einigen der Artikel, die sie zwischen 1969 und 1974 in ›La Stampa‹ und im ›Corriere della Sera‹ veröffentlicht hatte, einen Essayband mit dem Titel »Vita immaginaria« (»Das imaginäre Leben«) zusammenzustellen. So hieß der Aufsatz über ihr Verhältnis zwischen Phantasie, Wirklichkeit und Schreiben, den sie eigens für diesen Band verfaßte. Das

Buch erschien bei Mondadori und war ihren Freunden Lola Balbo und Cesare Garboli gewidmet. Dieser schrieb im Klappentext: »Der erste Skandal bei Ginzburg (höchste Provokation) ist, daß ihre Unschuld sich nicht mit Naivität paart.« Doch der wirkliche Skandal, die Neuigkeit von Natalia Ginzburgs Essays bestehe im irritierenden Gebrauch einer »anderen«, die männlichen Kodizes durchbrechenden weiblichen Intelligenz, die stets durch Intuitionen und blitzartig erfaßte Zusammenhänge aus einem langen Winterschlaf zu erwachen scheine. »Launisch und herrisch« etabliere sich die Weiblichkeit als intellektuelle Kraft mit eigenen Gesetzen, schlage die männliche Kultur mit ihren eigenen Waffen. »Unsere Kultur ist pfäffisch, gymnasial, ›hypotaktisch‹? Und Ginzburg ist parataktisch, streng, impulsiv, emotional, und reiht Koordinaten aneinander wie Gewehrkugeln. So kehren sich die Rollen um. Die weiblichen Instrumente werden zur Verteidigung des Mannes benutzt, aber eines Mannes, den es nicht gibt und dessen Gestalt immer rascher vom Antlitz der Erde verschwindet. Wie ›Caro Michele‹ ist auch ›Das imaginäre Leben‹ ein Lebewohl, ein Requiem für die Männlichkeit.«

IN IHREM IN DIESE Sammlung aufgenommenen Essay »Die Lage der Frauen« schrieb Natalia Ginzburg: »Ich liebe den Feminismus als Geisteshaltung nicht. Die Worte ›Proletarier aller Länder vereinigt euch‹ finde ich ganz klar. Die Worte ›Frauen aller Länder, vereinigt euch‹ klingen für mich falsch.« Und in einem weiteren Artikel zu diesem Thema betonte sie, ihr sei die Konkurrenz zuwider, in die die Feministinnen zu den Männern getreten seien, sie sehe keinen Grund zum Stolz in der Tatsache, eine Frau zu sein. Ihrer Meinung nach sollte jede Art von Unfreiheit, also auch Unterdrückung der Frauen durch die Männer, überall dort, wo sie bestand, gemeinsam bekämpft werden, da Unterdrückung einzelner oder bestimmter Gruppierungen einen Makel für die gesamte Gesellschaft darstellte. »Ziviles Engagement, menschliche Solidarität, Gerechtigkeitsgefühl, Mut« seien die für Parteien und Individuen ausschlaggebenden Werte, auch wenn man in einer Zeit lebe, in der schon das Wort »Werte« suspekt sei. Aber: »Die Frauenbewegungen werden nie eine politische Partei sein, denn es ist zwar durchaus möglich, sich eine von den Kräften einer bestimmten und neuen gesellschaftlichen Klasse beherrschte Welt vorzustellen, doch sich eine ausschließlich aus Frauen bestehende und von ihnen beherrschte Welt vorzustellen, ist unmöglich, unwirklich und tödlich.«

Sie sah Männer und Frauen nicht als Widersacher, sondern als grundsätzlich anders. Sie redete der *diversità*, der Verschiedenheit das Wort: »Der Unterschied zwischen Mann und Frau ist der gleiche wie zwischen Sonne und Mond oder Tag und Nacht.«

Die Ideologie war ihr suspekt, die meisten praktischen Forderungen der Frauenbewegung teilte sie jedoch durchaus. Als 1975 die Kampagne für die Legalisierung der Abtreibung in Italien begann, schrieb Natalia Ginzburg im ›Corriere della Sera‹: »Die Legalisierung der Abtreibung muß vor allem aus Gerechtigkeit gefordert werden. Es ist unerträglich, daß arme Frauen ihr Leben aufs Spiel setzen oder sterben, indem sie mit Stricknadeln abtreiben, und reiche Frauen bequeme Kliniken aufsuchen können und nichts oder nur sehr wenig riskieren.« Sie befürwortete ein gerechtes Gesetz, das nicht verbieten oder bestrafen, sondern helfen solle, stellte aber auch klar: »Ich finde es scheinheilig zu behaupten,

Abtreiben sei nicht Töten.« Aber: »Wenn man zwischen dem Tod einer Person, die Augen, ein Gesicht, eine Stimme hat, und dem Tod einer Form ohne Augen und ohne Stimme wählen muß, ist es unmöglich, nicht das zweite vorzuziehen.« Die Entscheidung darüber, bei der sich Individuum und Schicksal in Finsternis gegenüberstünden, komme allein der Mutter zu, denn es handle sich darum, »einen Teil von sich zu zerfleischen, einen Teil von sich umzubringen, sich für immer eine bestimmte, unbekannte lebende Möglichkeit aus dem Leib zu reißen... Eine solche Entscheidung geht niemanden etwas an, am allerwenigsten das Gesetz... Denn in dem Bereich der Möglichkeiten, die im Schoß der Mutter verborgen sind, sollten weder das Gesetz noch die Justiz noch die Gesellschaft die geringste Macht haben einzugreifen.«

IM SOMMER 1975 fuhr Natalia zum letzten Mal in das Haus über Sorrent. Auch ihre Kinder kamen wie jedes Jahr mit der »süßen Nachkommenschaft«, um die Sommerferien mit ihr zu verbringen. Natalia stand noch vor Tagesanbruch auf, kochte sich einen Kaffee, rauchte und sah zu, wie sich die Frühnebel auf den umliegenden Weinbergen lichteten. Die Kinder erschienen erst spät, schwankten lange, zu welchem Strand sie fahren sollten und ermahnten ihre Mutter, die Zeit nicht mit unnützen Dingen wie Putzen und Aufräumen zu vertun und ihrer »dumpfen Liebe zur Hausarbeit« zu frönen. Die sei »ein bedauerliches Zeichen von Alter und Unfruchtbarkeit, ein Alibi«. Sie solle lieber »lesen, sich mit Politik befassen, sich bilden«. Natalia erwiderte lächelnd: »Ich bin nicht gebildet, und von Politik verstehe ich nichts«, und kaum waren die Kinder fort, begann sie die Böden zu wischen, um dabei in Ruhe ihren Gedanken nachzuhängen.

Eine verzehrende Leidenschaft für die Arbeit 1977-1982

Ab 1977 arbeitete Natalia Ginzburg wieder ganztägig als Beraterin für den Einaudi-Verlag; die Wogen hatten sich geglättet. Sie las die zugesandten Manuskripte und schickte Gutachten an den Verlag oder korrespondierte direkt mit den Autorinnen und Autoren. Ihre Kritik war immer streng, aber nie persönlich, und wenn sie Qualitäten sah, geizte sie nicht mit Ermutigung zum Weiterschreiben und setzte sich für die Veröffentlichung der Texte ein.

Sie schlug Giulio Einaudi vor, Antonio Delfinis Gesamtwerk zu publizieren, wollte für Kinder die Märchen von Luigi Capuana wieder aufgelegt sehen, die sie selbst ihren Kindern vorgelesen hatte, schrieb ihm über Amelia Rosselli, sie halte sie für »den einzigen Dichter der mittleren Generation nach Pasolini« und über Anna Maria Ortese, mit der sie in persönlichem Briefwechsel stand: »Die Ortese ist eine der besten Schriftstellerinnen, die es gibt.« Aus einem Stoß Manuskripte fischte sie Andrea De Carlos »Creamtrain«, sie entdeckte Fabrizia Ramondinos »Althénopis«, und in ihrem Gutachten zu Dolores Pratos Manuskript äußerte sie: »Ihr Buch ist sehr schön. Es war 1250 Seiten lang, ich habe es gekürzt, jetzt sind es etwa dreihundert.«

Carlo Carena vom Einaudi-Verlag schrieb ihr aus Turin: »Deine Korrespondenz mit den Autoren von Manuskripten ist eine wirklich beispielhafte Arbeit, für die wir Dir sehr dankbar sind.«

SIE SELBST veröffentlichte 1977 unter dem Titel »Famiglia« (»Ein Mann und eine Frau«), nun wieder bei Einaudi, zwei lange Erzählungen, »Famiglia« und »Borghesia« (»Borghesia, das Lied vom Bürgertum«), die erneut den Zerfall der Familie und der Bourgeoisie zum Gegenstand haben. Hauptgestalten sind in »Famiglia« ein

Mann, in »Borghesia« eine Frau, die beide, ohne es zu wissen, in ihrer gewohnten Umgebung mit den gewohnten Menschen, Haustieren und Dingen die letzte Zeit ihres Lebens verbringen, bis sie plötzlich von einer heimtückischen Krankheit ereilt werden. »Der Blick in diese Innenräume ist der eines Menschen, der in einem Haus Inventur machen soll, aus dem soeben jemand ohne Vorankündigung ausgezogen ist: anhand der Relikte aus den Stürmen, die sich noch kaum gelegt haben, kann er die geheimen Kadenzen der Existenz rekonstruieren«, heißt es im Ankündigungstext. Pietro Citati erklärt in seiner Besprechung, dieses schmale Bändchen von Natalia Ginzburg könne den Leser besser als jede soziologische Studie von der Krise der Institution Familie überzeugen und ihn zu persönlichen Reflexionen anregen. Und Cesare Garboli, ihr »offizieller Kritiker«, schreibt in seiner Rezension mit dem Titel »Der diskrete Charme der Unordnung«: »Ihre Sprache ist eine Musik, ein auf den Alltag angewandter Rhythmus, der Stil einer Person, die fähig wäre, aus dem Schreien eines Säuglings ein Sonett zu machen oder das Schlurfen der Hausangestellten mit einer Sestine zu begleiten.« Mit einem »warmen, feuchten afrikanischen Wind« vergleicht er ihren »körperlichen« Stil, der in der alten Welt der menschlichen Beziehungen das Unterste zuoberst kehrt.

SEIT 1976 verbrachte Natalia den Sommer in einem Haus in Sperlonga, zwischen Rom und Neapel. Es lag im Ort, nahe am Meer, und im Garten standen Bäume. Die Schriftstellerin Rosetta Loy, durch deren Vermittlung Natalia das Haus gefunden hatte, war ihre Nachbarin und sah jeden Tag vorbei. Die beiden kannten sich seit 1974, seit Rosetta Loy in Begleitung eines gemeinsamen Freundes mit ihrer Erzählung »Das Fahrrad« zu Natalia gekommen war, um ihr Urteil zu erbitten. Natalia las die Geschichte, rief Rosetta Loy nach einigen Tagen an und riet ihr, den Text an einigen Stellen umzuschreiben. Die Neufassung gefiel ihr so gut, daß sie die Erzählung für den *Premio L'inedito* vorschlug, dessen Jury sie angehörte. Die Jury folgte ihrem Vorschlag nicht, doch wenn Natalia sich in einen Text vernarrt hatte, ließ sie nicht locker. »Ich sorge dafür, daß du sie trotzdem veröffentlichen kannst«, sagte sie zu Rosetta Loy, und »Das Fahrrad« erschien mit einem Klappentext

In Sperlonga

von Natalia noch im selben Jahr bei Einaudi. Als aber Rosetta Loy, nach einem zweiten gelungenen Buch, einige Jahre später ein Manuskript vorlegte, das Natalia nicht gefiel, zögerte sie nicht, dem Verlag unter Hinweis auf ihre »tiefe Freundschaft mit der Autorin« auch dies unverblümt mitzuteilen.

Im übrigen sprachen die beiden, wenn sie sich trafen, so gut wie nie über Literatur und das Schreiben, sondern meist über Probleme des Alltags.

IM HERBST 1978 begann Natalia, mit ihrer Freundin Dinda Gallo für den Verlag De Agostini eine dreibändige Anthologie mit dem Titel »La vita« für die *scuola media* zusammenzustellen. Zur Vorbereitung lasen beide schon seit längerer Zeit wieder ihre Lieblingsbücher. Nachmittag für Nachmittag trafen sie sich, diskutierten, wählten Texte aus. Natalia schrieb kurze Einführungen dazu, und Dinda Gallo machte die Anmerkungen. Als die Auswahl feststand, schrieb Natalia im April 1979 an Einaudi: »Ich schicke Dir die Liste der Stücke, die Einaudi gehören. Es handelt sich um eine Anthologie, die recht schön werden könnte, sie ist in Stichwörter unterteilt (Geboren werden, Sterben, Krieg, Wasser, Schlaf, Nahrungsmittel und so weiter), und wir haben versucht, lange Stücke aus Romanen hineinzutun, Manzoni, Dickens, Krieg und Frieden etc. Sie ist anders als die anderen Lesebücher, weil die Stücke länger sind.«

Sie telefonierte mit Elsa Morante, die nicht wollte, daß etwas von ihr in Anthologien erscheine, aber zuletzt doch eine Ausnahme machte und ihre Einwilligung gab.

Es wurden drei dicke Bände. Die aufgenommenen Texte stammten, außer von den oben genannten, von William Blake, Carlo Collodi, Annie Vivanti, Italo Calvino, Isaac Bashevis Singer, Anton Tschechow, Giuseppe Ungaretti, Rainer Maria Rilke, Heinrich Heine, Hermann Hesse, Federico García Lorca, Nazim Hikmet, Homer, Vergil und vielen anderen, bis hin zu einer Erzählung aus dem Matthäusevangelium. Die Herausgeberinnen schrieben in ihrem Vorwort, sie erhöben keinen Anspruch auf Vollständigkeit, denn Anthologien hätten nur einen Sinn, »wenn sie persönliche Neigungen, persönliche Vorlieben, persönliche Erinnerungen und persönliche Treue« widerspiegelten und die Texte erhellend, in klarem Stil, von den wesentlichen, grundlegenden Momenten des menschlichen Lebens erzählten.

IM FRÜHSOMMER 1980 arbeitete Natalia mit Federico Fellini an einem Bändchen über seine Filme, das mit sechs Zeichnungen des Autors versehen im selben Jahr im Einaudi-Verlag erschien.

Gleich anschließend, von Juli bis Oktober, bereitete sie mit Cesare Garboli die Edition der Tagebücher von Antonio Delfini vor.

Des regelmäßigen Artikelschreibens war sie überdrüssig geworden, da es sie anstrengte und sie fürchtete, es könne ihren Stil beeinträchtigen.

So stimmte sie gern zu, als der Einaudi-Verlag sie im Frühjahr 1981 bat, Flauberts »Madame Bovary« zu übersetzen. Im Herbst lieferte sie die Übersetzung ab, die 1983 in der Reihe »Schriftsteller übersetzen Schriftsteller« erschien. Im Verlag meinte man, sie könne in den Bürostunden daran arbeiten. Am 27. September 1981 schrieb sie jedoch an Giulio Einaudi: »Ich bin fertig mit der Übersetzung von ›Madame Bovary‹. Ich möchte jetzt einen Vertrag. Du hattest gesagt, ich solle in den Bürostunden übersetzen. Ich habe genau zwei Nachmittage lang in den Bürostunden übersetzt, dann immer zu Hause, und zwar morgens von vier bis acht, um genau zu sein, samstags und sonntags und im Sommer, im August. Und zwar, weil ich im Büro andere Arbeiten gemacht habe. Eine andere Übersetzung (zum Beispiel ›Ein Leben‹ von Maupassant, was Ihr mir vorgeschlagen hattet) könnte ich vielleicht in den Bürostunden machen. Aber ›Madame Bovary‹ nicht; es ist eine zu anspruchsvolle, zu schwierige Übersetzung, sie verlangte größte Sammlung, absolute Hingabe. Herzliche Grüße, Natalia.«

Der Verlag beeilte sich, den Vertrag nachzureichen.

Im Nachwort zu »Madame Bovary« beschreibt Natalia Ginzburg das Übersetzen als heilsame, belebende Übung, die ein anderes Verhältnis zu den Wörtern verlange als das eigene Schreiben. Man müsse dabei die Augen vom eigenen Stil abwenden und fest auf die »geliebte Welt des anderen« gerichtet halten. Wie die Ameise an ein Blatt müsse man sich an jedes Wort klammern, gleichzeitig ungeduldig wie ein Pferd voraneilen, ohne je das Ganze aus den Augen zu verlieren. Doch nicht die Langsamkeit, nur der rasche Lauf des Pferdes dürfe aufscheinen. »Gewöhnlich verhält sich der Schriftsteller, wenn er selbst schreibt, als Herrscher, nun dagegen fühlt er, daß er sich als Diener verhalten muß. Übersetzen ist Dienen. Dennoch bleibt ihm insgeheim eine Art Souveränität: die Souveränität, die den Dienern der Herrschenden vorbehalten ist, wenn sie in enger Vertrautheit mit ihnen leben, ihre geliebte Größe einatmen, ihnen ihren Willen und ihre Absichten von den Falten ihrer Stirn ablesen.«

Mit Tochter Alessandra

1982 NAHM NATALIA GINZBURG ein neues, riesiges Projekt in Angriff, bei dem Übersetzen, Forschen und Schreiben sich verbanden, etwas ganz Neues für sie. Dinda Gallo hatte ihr immer wieder von der Familie Alessandro Manzonis erzählt, für die sie schon länger »eine unbestimmte Neugier« empfand. Diese Gespräche weckten in ihr den Wunsch, sich näher mit dem Schicksal dieser Familie zu befassen. Sie begann, Bücher darüber zu lesen, die allerdings in den Buchhandlungen unauffindbar waren. Material über Manzoni, den berühmtesten italienischen Dichter des neunzehnten Jahrhunderts, gab es genug, aber die wenigen Publikationen über seine Familie waren vergriffen, sie mußte sie in der Nationalbibliothek oder bei Freunden ausleihen.

Sie fuhr nach Mailand in die Biblioteca Braidense und ins Zentrum für Manzoni-Forschung, um Briefe und Dokumente einzusehen, und nach Brusuglio zum Landhaus der Manzonis. Dinda Gallo begleitete sie. Als die beiden älteren Damen auf der Rückreise im Zug waren, wollte Natalia eine Flasche Mineralwasser aus dem Gepäcknetz nehmen und goß sie versehentlich dem jungen Mann, der neben ihr saß, über den Kopf. Sie entschuldigte sich und unterhielt sich weiter mit ihrer Freundin, bis der Zug in einem Bahnhof hielt. Natalia wollte aussteigen, um neues Wasser zu holen, aber Dinda Gallo war dagegen. Der vorher eher verärgerte junge Mann erbot sich, das Wasser zu besorgen, kehrte mit der Flasche zurück und händigte sie mit den Worten aus: »Aber machen Sie keine *Sudeleien*, Signora!« Er hatte sie unterdessen erkannt und benutzte das Wort, das ihr Vater in ihrer Kindheit immer gesagt hatte. Der Rest der Reise verlief in angeregtem Gespräch.

»Es kommt mir vor, als schriebe ich meine Doktorarbeit«, sagte Natalia während der Arbeit oft scherzhaft zu ihren Kindern, denn sie hatte ihr Studium ja nie abgeschlossen. Aus den Briefen der weitläufigen Familie Manzoni und Briefen von Freunden an die Manzonis setzte sie die Familiengeschichte zusammen, »mit Leerräumen, mit Abwesenheiten, mit dunklen Bereichen«, und verband die Dokumente mit kurzen Zwischentexten in dem ihr eigenen knappen Stil. Gleichzeitig kam es ihr im Lauf der Arbeit so vor, als erfinde sie selbst die Gestalten: »Ich empfand für sie die gleichen Gefühle, die man für die Figuren eines Romans empfindet, eine Mischung aus Liebe und Haß. Über die Gestalten eines eigenen Romans urteilt man nie, man liebt sie oder man haßt sie.« Es entstand eine Chronik über einhundertfünfundvierzig Jahre, die 1762 mit dem Leben von Manzonis Mutter Giulia Beccaria beginnt und 1907 mit dem Tod seines Stiefsohns aus zweiter Ehe endet.

Dinda Gallo war während der ganzen Zeit ihre wichtigste Gesprächspartnerin, Natalia brachte ihr immer wieder einige Seiten zum Lesen, teilte mit ihr Unsicherheiten und Kummer um unauffüllbare Lücken.

Nach seinem Erscheinen bei Einaudi stand »La Famiglia Manzoni« (»Die Familie Manzoni«) 1983 monatelang ganz oben auf den Bestsellerlisten Italiens. Es war kein Buch für Manzoni-Spezialisten, sondern eine *Familien*biographie, es las sich wie ein Roman.

Ein Zeichen der Solidarität 1983-1988

Natalia Ginzburg wurde 1983 als unabhängige Linke in den Listen der KPI, die öfter prominente Parteilose als Kandidaten aufstellte, ins Parlament gewählt. Seit den fünfziger Jahren gehörte sie der Partei nicht mehr an. »Ich habe zwei Mal in meinem Leben einer Partei angehört« – in den vierziger Jahren dem *Partito d'azione*, dann der KPI –, »beide Male war es ein Fehler«, hatte sie geschrieben, doch sie fühlte sich den Idealen der Kommunistischen Partei verbunden, empfand »tiefe Bewunderung« für deren Generalsekretär Enrico Berlinguer und wollte »ein Zeichen der Solidarität« geben. Auch gefiel ihr der Gedanke, »etwas Nützliches, Praktisches zu tun, und sei es auch etwas ganz Kleines«. Nach ihrer Wahl kamen ihr wieder Zweifel. »Ich verstehe doch nichts von Politik«, sagte sie zu ihrem alten Freund Vittorio Foa. »Genau deswegen mußt du hingehen«, erwiderte er. Sie fragte ihre Kinder, die geteilter Meinung waren, sie fragte Adriano Sofri, der sie ermutigte, und andere, »die, die etwas von Politik verstanden«, und nahm schließlich das Mandat an. Von nun an ging sie jeden Tag mit einer großen schwarzen Tasche voller Bücher und Zeitungen von ihrer Wohnung im Zentrum Roms am Pantheon vorbei ins nahegelegene Parlament, dezent gekleidet in dunkelblaue Faltenröcke, Bluse und Strickjacke, mit festen Schuhen. Ein Hauch der Eleganz des Mädchens aus den 30er Jahren umgab sie.

In ihrer Eigenschaft als Abgeordnete besichtigte sie Gefängnisse, beschäftigte sich in Kommissionen mit Minderheitenproblemen, mit Frauenfragen, mit Adoptionsrecht. »Nie auf der Seite der Macht stehen«, war ihre Devise, und oft hörte sie staunend den Reden mancher Kollegen zu, die ihr nichts Wahres zu enthalten schienen. Langsam wandelte sich ihr Staunen in Empörung. »Ich verliere nur meine Zeit«, dachte sie, während sie in den Pausen still und schüchtern auf dem hintersten Sofa im *Transatlantico,* dem langen Gang vor dem Plenarsaal, saß und das hektische Treiben beobachtete. Manchmal fühle sie sich, als sei sie auf die Schulbank zurückgekehrt, scherzte sie mit ihren Kindern. Aber die neue Aufgabe gab ihrem Tag auch Struktur und kam ihrer methodischen Lebensführung entgegen. Ihr starkes Pflichtgefühl ließ sie bei keiner wichtigen Abstimmung fehlen, und gewöhnlich schloß sie sich dabei der Empfehlung ihrer Fraktion an. Oft kamen dann, wenn sie zurückkehrte, ihre Enkelinnen zum Mittagessen, deren Freundin und Vertraute sie war und mit denen sie angeregt diskutierte.

Natalia Ginzburg als Abgeordnete mit dem damaligen Staatspräsidenten Sandro Pertini

IN DER SITZUNG vom 15. November 1983 ergriff die Abgeordnete Levi Baldini Ginzburg zum ersten Mal das Wort. Es ging um die Stationierung von NATO-Raketen auf italienischem Boden und um die einige Tage zuvor beschlossene Entscheidung, zweitausend italienische Soldaten in den Libanon zu entsenden. Eine große Zahl der Abgeordneten habe gegen die Entsendung der Soldaten gestimmt, sagte sie, die Mehrheit aber dafür. Doch »wenn wir die Leute auf den Straßen fragten, würden sie etwa nicht alle fordern, sie zurückzuholen?« Ebenso stehe es mit der Frage der Stationierung. »Die Mehrheitsparteien drücken keineswegs das Denken, den Wunsch, die Stimmung ihrer Wähler aus, sondern einzig und allein ihre eigene persönliche Absicht.« Daher fordere sie ein Referendum, dessen Ergebnis man sich dann beugen müsse, auch falls es die Stationierung befürworte. »Die Idee, daß der Frieden mit Waffen verteidigt werden muß, ist eine vollkommen falsche Idee: wahrer Frieden kann nur unbewaffnet sein, wahrem Frieden sind Waffen verhaßt. Wofür Italien sich einsetzen müßte, ist die einseitige Abrüstung. Es ist gleich, ob andere Länder aufrüsten, ganz gleich, ob die Großmächte sich bewaffnen: wir bleiben unbewaffnet. Deshalb weigern wir uns, in die Reihen der Großmächte einzutreten, uns mit den einen oder den anderen zu verbünden. Wenn andere Länder mit uns für einseitige Abrüstung kämpften und sie bei ihren Regierungen durchsetzten, dann äußerte sich der Friedenswille in der Welt endlich mit lauterer und deutlicherer Stimme.« Die Abgeordneten der Unabhängigen Linken und der äußersten Linken klatschten Beifall und gratulierten ihr, als sie geendet hatte.

Am 10. Mai 1984 sprach sie in der Debatte um die Verabschiedung des Gesetzes, das Tarif- und Preiserhöhungen und Kürzung des automatischen Lohnausgleichs vorsah: »Der Augenblick ist schwierig, sagt die Regierung, es müssen Opfer gebracht werden. Pünktlich jedoch werden die Opfer von den Schwächsten, den Kranken, den Ausgegrenzten und schließlich den abhängig Beschäftigten, den Arbeitern verlangt.« In einer langen Rede zählt sie die Folgen der Machtpolitik auf, die nur an sich selbst denkt: Zerstörung des bäuerlichen Italiens durch gewaltsame, brutale Industrialisierung, überfüllte Krankenhäuser, miserable Renten, Jugendarbeitslosigkeit, Wohnungsnot, Doppelbelastung der Frauen, mangelnde Kindergartenplätze, unzureichende Krankenversicherung, überfüllte Gefängnisse, in denen niemand seines Lebens sicher ist. »Mafia, Camorra, Terrorismus, Entführungen, öffentliche Korruption, Drogen- und Waffenhandel: das sind die Übel Italiens.« Sie kritisierte die gewundene, dunkle Sprache der Gesetzesentwürfe, die sich übrigens auch in Journalismus und Literatur breitgemacht habe: »Eine der vielen Schlachten, die zu schlagen sind, ist gewiß die für eine klare, konkrete, allen verständliche Sprache, die in direkter Beziehung zu den Dingen steht. Ich glaube, daß das Leben in unserem Land besser und durchsichtiger würde, wenn jeder von uns sich einstweilen wenigstens darum bemühte, die Dunkelheit der Sprache zu überwinden, sich mit jedem Wort an den Nächsten zu wenden, die Realität des Nächsten nie aus den Augen zu verlieren, ihn nicht zu verlachen, nicht zu betrügen, nicht zu demütigen, nie auf ihm herumzutrampeln.« Das Wort Sozialismus stehe längst nicht mehr für das, was sie und mit ihr viele andere darunter verstünden, nämlich »soziale Gerechtigkeit, Ehrlichkeit und Ernsthaftigkeit der Absichten, öffentliche Moral, Zivilcourage, Verteidigung der Rechte des Schwächeren gegen den Stärkeren«. Abschließend kam sie erneut auf die Atomraketen zurück, die inzwischen in Comiso, auf Sizilien, stationiert worden waren. »Einem großen Teil Italiens graut es vor Waffen, gleich welcher Art, ob Atomwaffen oder nicht, hier hergestellt oder anderswo auf der Welt. Ein großer Teil Italiens will nichts wissen von Atombunkern, weil ihn schaudert bei der Vorstellung, sich in kleinen Gruppen zu retten, falls ein Atomkrieg ausbrechen sollte, und am Tag danach auf eine Welt zu blicken, auf der keine Menschenseele mehr lebt. Ein großer Teil Italiens weigert sich, diese Vorstellung zu akzeptieren, diesen Menschen graut vor Waffen, auch als Verteidigungsmittel, und sie ziehen es vor, getötet zu werden, anstatt jemanden zu töten. Weder optimistisch noch pessimistisch in bezug auf die Zukunft der Menschheit, denkt dieser große Teil Italiens, daß man sich in jedem Fall bemühen muß, so zu leben, als hätte man eine jahrhundertelange Zukunft vor sich. Er lehnt Gewalt, Blutvergießen, jede Art von Zerstörung und Verheerung ab, liebt Projekte und Erinnerungen und will mit seinesgleichen solidarisch sein, bestimmt in der Verteidigung der Gerechtigkeit, entschlossen, den Übergriffen der Macht nicht nachzugeben.«

Sie haßte es, in der Öffentlichkeit zu sprechen. »Verwundert stellen wir fest, daß wir als Erwachsene nicht unsere alte Scheu vor den Mitmenschen verloren haben. Das Leben hat uns nicht geholfen, unsere Schüchternheit abzulegen: wir sind immer noch schüchtern. Nur macht es uns nichts aus. Uns scheint, als hätten wir uns das Recht erobert, schüchtern zu sein. Wir sind schüchtern ohne Schüchternheit: auf gewagte Weise schüchtern.« Wenn sie es für ihre moralische Pflicht hielt zu sprechen, zögerte sie nicht.

Als Elsa Morante schwerkrank in einer römischen Klinik lag, forderte sie den Gesundheitsminister auf, die »illustre Schriftstellerin, deren großes Werk Italien zur Ehre gereicht«, finanziell zu unterstützen, um die nötige Behandlung sicherzustellen.

Ein andermal protestierte sie gegen den Rücktritt eines von ihr und ihrer Fraktion geschätzten Abgeordneten.

Ein, zwei Sätze, vierzig Sekunden – die kürzesten Redebeiträge, die die Stenographen des Parlaments je mitgeschrieben hatten.

Am Spätnachmittag rief sie dann manchmal vom Sitzungssaal aus ihre Freundin Dinda Gallo an und sagte: »Ich glaube, ich bin hier fertig. Wollen wir nicht ins Kino gehen?«

DIE FRÜHEN MORGENSTUNDEN gehörten weiter ihr und dem Schreiben. Kaffee und Zigaretten neben sich, bedeckte sie wieder Seiten um Seiten mit ihrer breiten Handschrift. Seit »Caro Michele« waren zehn, seit »Ein Mann und eine Frau« sechs Jahre vergangen. Zum dritten Mal hielt sie nun mit »La città e la casa« (»Die Stadt und das Haus«) der römischen Bourgeoisie den Spiegel vor. Der Briefroman erschien Ende 1984 im Einaudi-Verlag. Für ihre Verhältnisse – »ich schreibe immer sehr schnell« – hatte sie diesmal sehr lange gebraucht: von Mai bis September.

Giuseppe, ein Journalist mittleren Alters, beschließt, Rom hinter sich zu lassen und zu seinem Bruder in die Vereinigten Staaten zu gehen, um dort ein neues Leben zu beginnen. In den Briefen, die Giuseppe an seine römischen Freunde und vor allem an seine ehemalige Geliebte Lucrezia schreibt, die diese sich untereinander schreiben und die er von ihnen erhält, wird in mehrfacher Brechung Gegenwart und Vergangenheit der einzelnen Personen sichtbar. Ganz beiläufig entsteht auch ein genaues Bild des Lebens in Rom in den frühen siebziger Jahren. Doch bald werden die Berichte immer mehr zu Hiobsbotschaften. Giuseppes Bruder stirbt, dessen Frau, die Giuseppe im Verlauf des Buches geheiratet

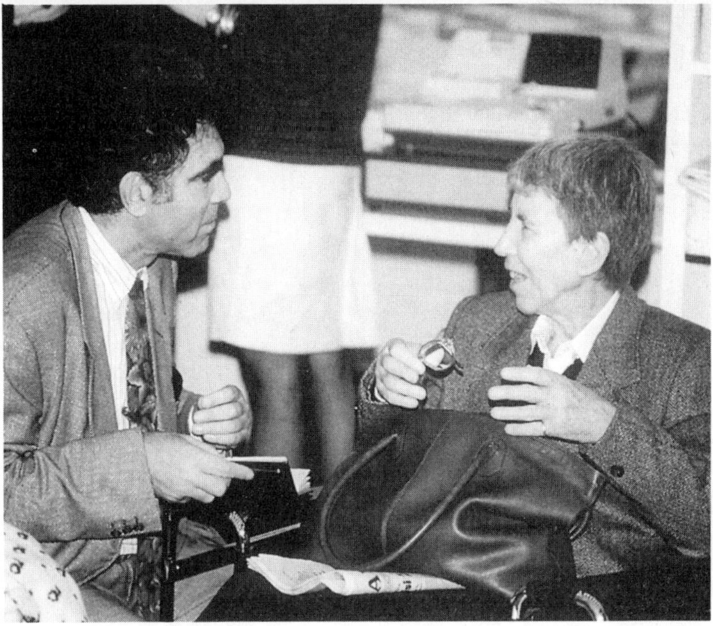

Mit Sohn Carlo

hat, stirbt, am Ende stirbt in Rom sein Sohn. »Wie in einer antiken Tragödie folgt Unglück auf Unglück«, schrieb Hans J. Fröhlich in seiner Rezension der deutschen Ausgabe. »Was die Lektüre von Briefromanen zugleich reizvoll und schwierig macht, ist die doppelte Fiktion. Es gibt keinen Erzähler, der die Personen schildert. Diese stellen sich sozusagen selber vor und dar, mit dem, was sie einander mitteilen und anvertrauen. Die Kunst des Autors ist speziell bei dieser Form um so bemerkenswerter, je weniger der Leser an deren technische und stilistische Mittel denkt, je diskreter der Autor als Spielmacher und Drahtzieher hinter seinen Figuren zurücktritt. Natalia Ginzburg beherrscht diese Kunst in hohem Maße.«

Vielstimmigkeit und gleichzeitige Monotonie kennzeichnen diese Briefe, in nüchternen und manchmal gerade dadurch komischen Bildern aus dem Alltag zeigt sich die Ohnmacht, mit der die Schreibenden den Ereignissen gegenüberstehen.

»Die Wirklichkeit ist chaotisch, nebelhaft, wirr und unentzifferbar geworden«, schrieb Natalia Ginzburg selbst über »Die Stadt und das Haus«. »Schon immer hatte ich beim Schreiben das Gefühl, zerbrochene Spiegel in der Hand zu halten, doch jedesmal hoffte ich, die Scherben wieder zusammensetzen zu können. Diesmal hoffte ich nichts mehr.«

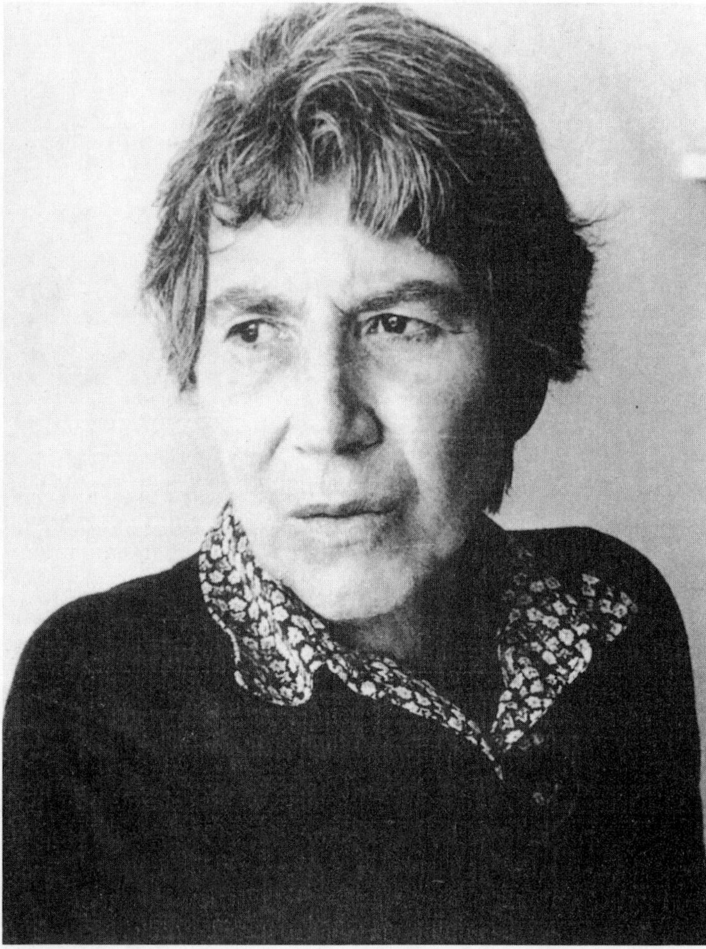

IM SELBEN JAHR fragte der Mondadori-Verlag an, ob sie ihr Gesamtwerk in seiner Reihe »I Meridiani« veröffentlichen wolle, in der große Schriftsteller und Schriftstellerinnen aller Zeiten versammelt sind.

Zuerst erschrak sie ein wenig bei der Idee und fürchtete, es könne das Ende ihres Schriftstellerlebens bedeuten. Aber sie freute sich auch und schrieb an den Einaudi-Verlag: »Ich wünsche mir in diesem Augenblick meines Lebens« – sie war achtundsechzig Jahre alt – »sehr, alle Dinge, die ich geschrieben habe, in ein oder zwei Bänden als ›Gesammelte Werke‹ zu vereinen. Ich denke, daß die ›Meridiani‹ von Mondadori ein ausgezeichneter Ort dafür wären... Ich glaube nicht, dem Einaudi-Verlag dadurch Schaden zuzufügen... Falls ich noch mehr Bücher schreibe, wie ich hoffe, wären sie Eure...«

Das Projekt der Gesamtausgabe beruhigte sie angesichts der Zersplitterung, die sie auf allen Ebenen wahrnahm. Während sie ihre Bücher chronologisch ordnete und überlegte, welche ihrer nicht in Buchform erschienenen Schriften sie mit aufnehmen sollte und welche nicht, führte sie sich noch einmal von Anfang an den Weg vor Augen, den sie gegangen war. Ihr Freund Cesare Garboli schrieb die Einführung. Der erste Band erschien Anfang 1986, der zweite ein Jahr später.

1985 STARB ELSA MORANTE. Natalia erbte die Siamkatzen, die Elsa so geliebt hatte. Sie sprangen nun zu ihr aufs Sofa, wenn sie nach

dem Mittagessen mit Freunden telefonierte oder sich im Fernsehen eine Familienserie ansah. »In Gesellschaft unserer Katze können wir uns ausruhen von den mühsamen Kriegen von Hoffnung und Stolz«, hatte Elsa Morante geschrieben, »können einem lebendigen Blick begegnen, der uns ohne den Schatten eines Urteils die zärtlichste Freundschaft erklärt.«

IM MÄRZ 1986 las Natalia Ginzburg auf französisch »Les pierres crieront« von Molyda Szymusiak und schrieb an Einaudi:

»Das ist ein sehr schönes Buch von größtem Interesse. Es sind die Erinnerungen eines kleinen Mädchens aus Kambodscha, von 1975 bis 1980. Bei der Ankunft der Roten Khmer sind die Kleine und ihre Familie gezwungen, Phnom-Penh, wo sie leben, zu verlassen, und werden jahrelang herumgestoßen, von einem Ort zum anderen, von Dorf zu Dorf. Die Grausamkeiten des Krieges werden trocken erzählt, ohne jeden Kommentar. Alle Angehörigen des Mädchens sterben nacheinander, an Cholera und Entbehrungen. Das Mädchen ist, zusammen mit drei Kindern aus einer verwandten Familie, die einzige Überlebende. Am Schluß des Buches werden die vier Waisenkinder nach Frankreich geschickt. Es handelt sich um eine grauenhafte und sicherlich wahre Geschichte. Schon lange las ich nichts, was mich so erschütterte. Ich würde es sofort machen.«

Sie bat darum, das Buch selbst übersetzen und eine Einführung dazu schreiben zu dürfen, »um sich wenigstens ein bißchen nützlich zu fühlen«. Es erschien noch im selben Jahr mit dem Titel »Il racconto di Peuw bambina cambogiana« (»Die Geschichte des kambodschanischen Mädchens Peuw«).

Dann kam es erneut zu heftigen Differenzen mit Einaudi. Der Verlag war seit Jahren in einer schweren Krise und schuldete Natalia viel Geld. Er sollte versteigert werden. »Der Verlag ist unter den Hammer gekommen, schon das allein scheint mir grauenhaft«, schrieb sie an Giulio Einaudi. Auch deswegen wolle sie ihren Beratervertrag auflösen. Sie fand sich nicht zurecht in dem undurchsichtigen Gebilde, das aus der »Gruppe, die immer zusammen dachte«, geworden war. Dennoch ließ sie sich noch einmal zum Bleiben überreden.

Der Verlag wurde staatlicher Kuratel unterstellt. Die Verfahren schleppten sich hin, und die Abgeordnete Levi Baldini Ginzburg fragte im Dezember 1986 beim Minister für Industrie, Handel und Handwerk an, warum mit langwierigen Versteigerungen eine sich schon abzeichnende Lösung für den Einaudi-Verlag endlos hinausgezögert werde, welche ihrer Meinung nach die kulturelle Kontinuität des Verlags wahren und die notwendige Ruhe und Sicherheit geben könne, um mit Engagement die Zukunft anzugehen.

Doch als die Umstrukturierung des Verlags dann gelungen war, beschloß sie, sich zurückzuziehen. »Stell Dir vor, daß einer seit Jahren und Jahren daran gewöhnt ist, in einem Wald spazierenzugehen. Plötzlich ist aus dem Wald eine Autobahn geworden. Da geht er dann lieber anderswohin, überallhin«, schrieb sie in einem Brief vom 4. April 1987 an einen Mitarbeiter. »Fabriken, Autobahnen, Hinterhöfe oder Hühnerställe. Überallhin, wo es keine Erinnerungen an Wald für ihn gibt... Ich bin eine Schriftstellerin. Erscheint es Dir nicht logisch, daß die Schriftsteller, wenn sie können, den Ort auswählen, an dem sie ihre Bücher unterbringen?«

Im September 1988 beendete sie ihr Arbeitsverhältnis mit dem Einaudi-Verlag endgültig, blieb Giulio Einaudi jedoch immer freundschaftlich verbunden, sah ihn in Rom zum Abendessen, diskutierte Projekte mit ihm und teilte ihm unverblümt ihre Urteile mit. 1982, nach ihrem Brief zu »Madame Bovary«, hatte er ihr, nachdem die Sache bereinigt war, geschrieben, solche Mißverständnisse sollten nicht wieder vorkommen, und hinzugefügt: »Gräm Dich nicht, Du weißt doch, daß ich Dich gernhabe, auch wenn wir manchmal über Romane verschiedener Meinung sind.« Er publizierte auch ihre folgenden Werke, und sie fuhr noch gelegentlich zu den Mittwochssitzungen nach Turin, aber sehr selten.

BEI DEN WAHLEN im Juni 1987 wurde die Abgeordnete Levi Baldini Ginzburg in ihrem Mandat bestätigt. Bei der Parlamentsdebatte über die Lage am Persischen Golf am 12. September 1987 und die Entscheidung des Kabinetts, Kriegsschiffe in den Golf zu entsenden, sprach sie sich vehement gegen ein militärisches Eingreifen Italiens aus. »Die Sozialistische Partei will die bewaffnete Interven-

Mit Vittorio Foa und Norberto Bobbio

tion. Das kann, glaube ich, niemanden erstaunen. Die wahren Werte waren in der gegenwärtigen sozialistischen Politk immer abwesend, wir haben nie einen Schatten von Ehrlichkeit oder Wahrheitsliebe darin gesehen, sondern nur Berechnung und politische Ränkespiele, die einzig Repression und Macht zum Ziel hatten... Die acht Militäreinheiten, die die Regierung in den Golf entsenden will, hätten, laut Regierung, die Aufgabe, die Ehre und die Würde des Landes zu verteidigen. Für meine Generation haben solche Unternehmungen samt ihrer Begründungen immer einen besonderen Beigeschmack, und die Worte ›Nationalstolz‹, ›Würde‹ und ›Vaterlandsehre‹ klingen in unseren Ohren verhängnisvoll, weil sie uns an die Zeit des Faschismus erinnern und wir in ihnen den Stil und den Geist Mussolinis wiedererkennen... Seit vierzig Jahren ist der Krieg in Italien beendet, doch könnten wir nicht sagen, daß in diesen vierzig Jahren wahrer Friede geherrscht habe. Wir haben nie aufgehört, an den Krieg zu denken, sehen jeden Tag den Krieg in anderen Ländern im Fernsehen, lesen jeden Tag in der Zeitung von Orten, wo man seit Jahren im Krieg lebt... Gewalt bringt Gewalt hervor, Waffen bringen Waffen hervor...

Versuchen wir also, diese irrsinnige und verbrecherische Unternehmung zu stoppen.«

Sie wandte sich auch erneut gegen die zynische Sprache gewisser Zeitungsartikel, in denen höhnisch von »mammismo nazionale« die Rede sei: »Diese Mütter haben Angst, ihre Söhne in einer wahnwitzigen, verbrecherischen bewaffneten Unternehmung zu verlieren... Wenn manche der Autoren dieser Artikel in den Golf müßten, würden sie sich, so meinen wir, einer ganz anderen, weniger zynischen Sprache bedienen.«

Natalia Ginzburgs Sprache klang vielen Abgeordneten fremd im Ohr, denn sie weigerte sich beharrlich, irgendeinen Fachjargon zu benutzen; aber es wurde immer still, wenn sie redete: in der oft strengen, unbeugsamen, nicht durch Abstraktion verschleiernden, sondern sich immer direkt an den anderen wendenden Sprache ihrer Essays.

Manchmal grübelte sie zu Hause noch den ganzen Abend über eine Diskussion nach und rief dann spät Laura Balbo an, die Freundin und Abgeordnete, mit der sie in den Sitzungspausen oft rauchend zusammensaß, um ihr zu sagen: »Weißt du, ich habe darüber nachgedacht, aber ich habe meine Meinung nicht geändert.«

IM AUGUST 1988 schrieb Natalia in ihrem Haus in Sperlonga ihre letzte Komödie, »L'intervista« (»Das Interview«), diesmal für die Schauspielerin Giulia Lazzarini. Sie mochte und bewunderte Giulia Lazzarini. »Ich sah sie klein, sanft, anfällig und zerbrechlich und versuchte, eine Geschichte um ihre Zerbrechlichkeit zu ranken. Ich habe sie auch zerstreut, ahnungslos und streunend dargestellt. Übrigens geschieht es ja auch, wenn man Romane oder Erzählungen schreibt, daß man intensiv an eine oder mehrere reale Personen denkt.«

Etwa zwei Jahre zuvor hatte sie ein junger Regisseur besucht, Luca Coppola, »klein, mit einer großen Schildpattbrille und einem schwarzen Schopf, der über seinen Augen tanzte«. Er war mit Elsa Morante befreundet gewesen, und sie kannte ihn flüchtig. Er wollte ihr Stück »Dialog« aufführen. Sie setzten sich auf Natalias Terrasse und sprachen »lange und glücklich« miteinander, nicht nur über Theater, sondern über alles mögliche. Sie wurden Freunde und verstanden sich so gut, daß Natalia nicht mehr merkte, »daß ich alt war und er jung«. Etwa ein Jahr später wurde Luca Coppola mit seinem Freund in Sizilien ermordet. Die beiden wurden »verprügelt, verfolgt, während sie flüchteten, und dann erschlagen, nachts, auf einem Sandstrand. Die Szenerie, die Falle und die Ermordung glichen der Ermordung Pasolinis.« Ihm widmete sie »Das Interview«.

»In diesem Stück gibt es drei Personen auf der Bühne und drei, von denen nur gesprochen wird. Die einen wie die anderen sind wesentlich. In allen meinen Stücken gibt es, wie hier, Personen, von denen viel gesprochen wird, die aber nie auftreten. Da sie abwesend sind, schweigen sie. So gibt es endlich jemanden, der schweigt«, schrieb sie im Vorwort, als »Das Interview« 1989 in der Theaterreihe des Einaudi-Verlags erschien.

Uraufgeführt wurde das Stück im Mai 1989 am Piccolo Teatro in Mailand, mit Giulia Lazzarini und Alessandro Haber in den Hauptrollen. Sie war bei der Premiere anwesend. »Ich war glücklich und die anderen ebenso.« Das Stück gefiel sogar ihren Kindern. Mit ihrer großen Handtasche stieg sie nach der Vorstellung auf die Bühne und nahm den Applaus entgegen. »Ein persönlicher Triumph für Natalia Ginzburg«, schrieb der Theaterkritiker Franco Quadri in ›La Repubblica‹.

Theater bedeute für sie, andere Personen als sich selbst sprechen zu lassen, sagte sie in einem Interview; beim Schreiben von Romanen und Erzählungen mischten sich Autobiographie und Fantasie, aber in ihren Essays äußere sie sich selbst ohne jede Erfindung.

IM OKTOBER 1988 war Italien das Schwerpunktthema der Frankfurter Buchmesse. Alle mit Rang und Namen in der italienischen Literaturszene versammelten sich in Frankfurt. Auch Natalia Ginzburg wurde eingeladen, eine Veranstaltung zu machen, und sagte nach kurzem Zögern zu. Mit ihrer Parlamentskollegin, der Schriftstellerin Gina Lagorio, fuhr sie direkt von der Abgeordnetenkammer, wo es noch eine wichtige Abstimmung gegeben hatte, zum Flughafen und traf am Nachmittag ein, gekleidet in die berühmte Strickjacke, mit festen Schuhen und der unvermeidlichen großen Handtasche voller Bücher und Zeitungen. Geduldig gab sie Inter-

Mit Giulio Einaudi auf der Buchmesse in Frankfurt, 1988

views und zog sich dann ins Hotel zurück, um vor der Lesung ein wenig auszuruhen. Am Abend trug sie ein elegantes beigefarbenes Cape. Sie setzte sich aufs Podium und las mit lauter, unbewegter Stimme ihren Essay »Über das Glauben oder Nicht-Glauben an Gott«: »Zu den hassenswerten Dingen, die in unserer Zeit aufgekommen sind, gehört für mich der Gedanke, glauben sei dumm, lächerlich und feig, ein Zeichen der Minderwertigkeit, und Nicht-Glauben beweise männlichen Mut, Festigkeit und letztendlich eine Überlegenheit. Wenn es einem einzelnen möglich wäre, etwas von der gesamten Menschheit zu verlangen, würde ich verlangen, daß jeder religiöse Glaube von denen, die nicht glauben, mit einem Gefühl der Gleichrangigkeit betrachtet werde... Die Tatsache, daß manchen Menschen die Welt ohne Gott entsetzlich erscheint, ist für mich in manchen Augenblicken ein Beweis, daß es Gott gibt. Ihn wegzuwerfen ist im Grunde einfach; mühsam, schmerzlich und schwierig ist dagegen, ihn zu haben, wenn man ihn nie gehabt hat: wie es im Leben immer schmerzlich und schwierig ist, alles zu haben, was notwendig, vital und wesentlich ist... Vielleicht ist es auch ein Beweis für die Existenz Gottes, daß man so glücklich sein kann, wenn man an die Menschen zurückdenkt, die wir verloren haben, die gestorben oder aus unserem Leben verschwunden sind, indem sie uns verraten und verlassen haben für immer: was wir in uns ›immer‹ nennen.« Auch der, der glaubt, sei fortwährend von Zweifeln geplagt und könne es jahrelang vergessen, sich an Gott zu erinnern, fuhr sie fort. »Aber dann plötzlich, wenn ihn eines Tages eine rasende Wut überfällt, weil er von einem Menschen eine Beleidigung erfahren hat oder es ihm jedenfalls so vorkommt, wenn er diesen Menschen erwürgen möchte und es in Gedanken auch tut und ihn dann plötzlich vor sich sieht und ihn wehrlos und bemitleidenswert findet oder entdeckt, daß er besser und freigiebiger ist als er selbst..., oder ihn auf einmal komisch findet und lachen muß und daraufhin auch sich selbst komisch findet in seiner Wut..., dann scheint es ihm, als sei dort, in der Asche seiner Wut und seiner plötzlichen Leichtigkeit, vielleicht Gott; so wie wenn er Gott mit Beschimpfungen überhäuft und dann innerlich laut gelacht hatte, über sich und Gott zusammen... In manchen klarsichtigen Augenblicken erscheinen ihm jene Schatten und jene seltenen Momente als das einzig Gute, das es je in seinem Schicksal gegeben hat.« In der anschließenden Diskussion beantwortete sie mit stoischer Ruhe und Freundlichkeit alle Fragen. Sie sei selbst ohne Glauben aufgewachsen, und diese Nichtzugehörigkeit mache sie nun wett, indem sie eine doppelte Zugehörigkeit empfinde, zum Judentum und zum Christentum. Ihr Judentum habe sie tief empfunden, nachdem sie von der Judenvernichtung erfahren habe. Das Wort Holocaust zu benutzen, finde sie scheinheilig. »Es adelt eine Sache, die man nicht adeln kann. Es bedeutet: ›Gott ein Opfer darbringen‹, und in den Konzentrationslagern gab es keinen Gott. Die Vernichtung war entsetzlich und bleibt entsetzlich.«

Bei dem anschließenden Abendessen zu Ehren der italienischen Gäste waren viele ihrer Freunde anwesend – Giulio Einaudi, Dacia Maraini, Rosetta Loy, Cesare Garboli, um nur einige zu nennen. Sie genoß es und zeigte bis spät in die Nacht ausnahmsweise keinerlei Anzeichen von Müdigkeit.

Am nächsten Tag kehrte sie nach einigen Stunden auf der Messe nach Rom zurück. Sie war nie gern lange von zu Hause weg, sehnte sich sofort zurück nach ihrer »Höhle«.

Serena Cruz oder die wahre Gerechtigkeit 1989-1990

So nachdrücklich wie noch nie erhob Natalia Ginzburg 1989 ihre Stimme in einer Sache, die sie erschütterte, und warf ihr ganzes Gewicht in die Waagschale, wohl bewußt, daß viele ihrer Freunde, die sie doch »liebte und achtete«, eine andere Meinung vertraten.

Im Frühjahr 1988 hatte ein Adoptionsfall die öffentliche Meinung ganz Italiens gespalten. Ein kleines philippinisches Mädchen wurde seinen Adoptiveltern aus juristischen Gründen wieder weggenommen. Sie hatten die gesetzlichen Bestimmungen nicht genau beachtet. Die Eltern, einfache Leute aus Racconigi bei Turin, sorgten liebevoll für das Kind und ließen es ihm an nichts fehlen, das wurde von ganz Racconigi bezeugt. Sie hatten zwei Jahre zuvor schon einen philippinischen Jungen adoptiert und wollten ihm eine Schwester geben. Der Mann fuhr nach Manila, erklärte, das fragliche kleine Mädchen, das todkrank in einem Säuglingsheim lebte, sei seine Tochter, die er bei seinem ersten Aufenthalt auf den Philippinen dort mit einer jungen Frau gezeugt habe, und legte auch entsprechende Papiere vor. Er ließ das Kind in seinem Paß eintragen, nahm es mit, meldete es aber nicht innerhalb der vorgeschriebenen Frist in Italien und weigerte sich, einen Bluttest zur Feststellung der Vaterschaft machen zu lassen, wie es das Gericht verlangte. Daraufhin wurde er des Betrugs beschuldigt. Das Kind, das sich inzwischen gut eingewöhnt und entwickelt hatte, wurde auf richterlichen Beschluß und unter Androhung von Polizeigewalt erst in ein Heim und dann in eine neue Familie gebracht. Der Vater bot an, eine Gefängnisstrafe auf sich zu nehmen, wenn das Kind in seine Familie zurückkehren könne. Diese Lösung wurde von den Richtern nicht in Betracht gezogen.

In der Presse entbrannte eine heftige Polemik um Menschlichkeit und Gerechtigkeit versus Ordnung und Gesetz. »L'Italia mammona«, das mütterliche Italien, plädierte dafür, das Kind solle den Adoptiveltern zurückgegeben werden; »l'Italia della ragione«, das Italien der Vernunft, rechtfertigte das Urteil mit Hinweis auf Kinderhandel und Mißbrauch bei Adoptionen im allgemeinen. Natalia, die sich schon seit jeher für Kinderschicksale interessierte, sammelte die Artikel zu dem Fall, schrieb selbst mehrere Artikel, besuchte dann die Familie in Racconigi, die das Kind nie mehr zu Gesicht bekommen hatte, und fragte im Parlament an, ob es nicht Abgeordneten, die doch sogar zu den Gefängnissen Zugang hätten, gestattet werden könne, die kleine Serena zu besuchen, aber der Justizminister erteilte die Erlaubnis nicht. Schließlich schrieb sie im Dezember ein *J'accuse*, eine literarisch verarbeitete Dokumentation: »Serena Cruz o la vera giustizia« (»Serena Cruz oder die wahre Gerechtigkeit«), die Anfang 1990 bei Einaudi veröffentlicht wurde.

Darin prangert sie die Verallgemeinerung an und kämpft für humanes Vorgehen in jedem einzelnen Fall. »Mir scheint, an die Millionen gesichtsloser Kinder kann morgen gedacht werden. Heute soll einstweilen ein einziges verteidigt werden, dessen Gesicht, Gestalt und Name man kennt.« Sie stellt die Geschichte anhand der Presseberichte dar und erzählt von ihrem Besuch bei der betroffenen Familie. Sie zitiert aus dem Adoptionsgesetz und aus den Akten, läßt sich aber nicht auf deren Sprache und Logik ein, sondern zeigt die Widersprüche und Scheinheiligkeiten auf.

Die Richter, auf deren Beschluß das kleine Mädchen aus der Familie entfernt wurde, hatten Serena nie gesehen, und als der Präsident der Republik sich für sie einsetzte, baten sie ihn »mit gefalteten Händen«, sich nicht einzumischen. »Hätten sie nicht, statt die Hände zu falten, nach Racconigi fahren können, um nachzusehen, ob es diesem Kind sehr gut oder sehr schlecht ging bei diesen Eltern, von denen sie sagten, sie seien illegal? Wäre das nicht ihre Pflicht gewesen, bevor sie eine so schwerwiegende Verantwortung auf sich nahmen und eine Entscheidung trafen, unter der sie, wie sie behaupteten, selbst litten?«

Die angebliche Objektivität im Namen des Gesetzes empört sie. »Ich möchte wissen, wie man herzlos und ohne Tränen auf

die menschlichen Schicksale blicken kann.« Natürlich, räumt sie ein, stellten Lügen und Betrug eine Gefahr dar bei Adoptionen. »Darüber hinwegzugehen, kann einen gefährlichen Präzedenzfall schaffen. Die Illegalitäten bei Adoptionen sind erschreckend. Das Kaufen und Verkaufen von Kindern ist erschreckend. Hier hat es keinen Kauf gegeben, das haben die Richter selbst erklärt. Es habe jedoch, so behaupten sie, eine Illegalität, einen Betrug gegeben.

Aber warum müssen Richter so viel Angst haben, einen Präzedenzfall zu schaffen, warum müssen sie davor solche Angst haben, daß es sie dazu bringt, erbarmungslos zu handeln? Wenn man an ein mögliches Risiko denkt, muß man sein Rüstzeug verfeinern und vervollkommnen, man muß seine Kraft sammeln, den Blick schärfen und auf die Zukunft richten. Wer aber Befürchtungen anführt und deshalb darauf verzichtet, intensiv die Gegenwart, den Ort, an dem er sich heute befindet, zu beobachten, handelt schlecht. Wer, abstrakte Bilder beschwörend, das Gefühl für die Gegenwart in ihrer Konkretheit, in ihrer Einzigartigkeit und Realität verliert, handelt schlecht...

Ziehen wir es vor, die Bilder zu verteidigen, die wir in unserem Kopf haben, oder verteidigen wir lieber einstweilen die konkrete Realität? Das ist der Punkt. Was ist uns lieber?«

Sie kritisiert die »schiefen Vorstellungen« der Institutionen über die Bedeutung von Mutterschaft und Vaterschaft und über die Idealfamilie, in der das Kind angeblich eine bessere Zukunft finde: »Inwiefern besser? Mit mehr Ordnung, mehr Sauberkeit, mehr Bildung, mehr Moralempfinden, weniger Armut? Für Sauberkeit und weniger Elend sollen der Staat und die Institutionen sorgen. Für Bildung sollen die Schulen und der Staat sorgen.

Was das Moralempfinden angeht, müßte man wissen, um welches Moralempfinden es sich handelt. Die Vorstellungen von Moral sind ja nicht alle gleich.

Was die Ordnung angeht, wie kann man entscheiden und festlegen, daß ein Kind besser in der Ordnung als in der Unordnung aufwächst, wenn es unendlich viele Beispiele von Menschen gibt, die in der Unordnung auf wunderbare Weise erwachsen geworden sind?

Wer von uns traut der Vorstellung von Zukunft, die den Köpfen der Institutionen entsprungen ist?

Und im Namen welcher Zukunft kann es gerecht erscheinen, ein Kind den Eltern für immer wegzunehmen?

WAS IST EINE Familie? Ein Ort, an dem eine Gruppe von Menschen zusammenlebt, in einem Haus oder einem Zimmer oder einem Wohnwagen. Es bilden sich unter ihnen Bindungen, die stark oder schwach, labil oder zäh sein können. Von jenem Ort aus betrachtet das Kind den Rest der Welt.

Die Familien können sehr schlecht, repressiv, obsessiv oder gleichgültig oder lieblos oder zerstreut oder vergiftet, krank, erblich belastet sein. Oft sind sie es. Aber für ein Kind sind sie notwendig. Wenn es schon eine Familie hat, kann man sie ihm nicht wegnehmen und ihm dafür eine andere geben, wenn nicht äußerst schwerwiegende Gründe vorliegen. In jedem Fall wird dadurch eine trostlose Zerstörung in seiner Seele angerichtet. Vielleicht wächst es in seiner Familie sehr unglücklich auf, schämt sich ihrer und haßt sie, aber auch von diesem Unglück nährt sich die Erinnerung und wird jeden Tag dichter. Morgen wird es seine Erinnerung in jenen dichten Wald führen. Die Szenerie zu ändern, solange es klein ist, schadet dem Kind. Es muß dann die Welt von einem

neuen Standpunkt aus betrachten. Der alte und der neue Standpunkt prallen aufeinander. Daraus entsteht ein Krieg. Dieser Krieg kann schlimmer sein als das Unglück, weil morgen die Erinnerung, wenn sie an die zerstörten Orte zurückkehrt, vergeblich nach den Spuren dessen suchen wird, was eine Kindheit war.

Was die Heime angeht, so sind sie kein Ort, von dem aus es möglich wäre, die Welt zu betrachten. Es sind lärmerfüllte Ufer, wo nichts geschieht und wo die Welt nicht da ist. Alles oder fast alles ist besser als ein Heim.«

Und am Schluß des Buches schreibt sie: »Mir scheint, daß Gerechtigkeit und Gesetz ein und dasselbe sein müßten. Ich weiß sehr wohl, wie oft es nicht so ist, aber es müßte so sein. Wie kann man sie sich getrennt denken? Sind die Gesetze nicht dazu gemacht, um die Gerechtigkeit zu verteidigen? Um die Rechte der Schwächeren gegen die Stärkeren zu verteidigen?

Wozu dienen Gesetze denn sonst, wozu sind sie denn sonst überhaupt da?

Gibt es bei der Regierung der Länder, beim Umgang mit den Belangen der Menschen etwa etwas Wichtigeres als Gerechtigkeit? Es gibt doch nichts Wichtigeres als Gerechtigkeit.«

»SERENA CRUZ oder die wahre Gerechtigkeit« erregte bei seinem Erscheinen großes Aufsehen, und der amtlich bestellte Vormund von Serena Cruz versuchte sogar, ohne Erfolg, Einaudi von der Verbreitung des Buches abzubringen: »Als Vormund kommt mir die Pflicht zu, an Ihr Verantwortungsgefühl zu appellieren, das der

Fall verlangt, und Sie formal zu warnen, das Buch zu verbreiten... Als einer, der Ihr Verlagshaus seit langem schätzt, da es sich über Jahre durch ziviles Engagement und Aufmerksamkeit bei der Programmgestaltung ausgezeichnet hat, kann ich nicht umhin, meine tiefe Enttäuschung darüber auszudrücken, was als verlegerischen Unfall zu bezeichnen mir korrekt erscheint.«

In der Diskussion um das Buch wurde der gesamte Fall noch einmal aufgerollt, und Domenico Starnone schrieb in der Zeitung ›Il Manifesto‹: »Die ›skandalöse‹ Neuigkeit des Buches besteht also unter anderem genau darin, sich mit literarischer Emotion auf die Seite des ›Wahren‹ zu stellen, ohne es in ›Wahrscheinliches‹ zu verwandeln. Bei der emotionalen Parteinahme, dem Gebrauch der Materialien als Anstoß zu Vorschlägen oder Leidenschaften, handelt es sich um die bewußte Entscheidung einer Schriftstellerin, die ihre hochentwickelte Ausdrucksfähigkeit benutzt. Die Vorgehensweise kann empören oder Zustimmung auslösen, aus Gründen, die alle mit der komplizierten Angelegenheit zusammenhängen, zu der sie Stellung nimmt, mit den Auslassungen, den Verzerrungen (es ist sowieso ein bißchen pharisäerhaft zu behaupten, ein Buch könne nun dem Kind Schaden zufügen, nachdem ihm ein Haufen anderer Sachen geschadet haben und weiterhin schaden)... In einer literarischen Tradition wie der unseren, die so unempfänglich dafür ist, sich an der Welt ›die Hände schmutzig zu machen‹, ist dieses Beispiel, ob man nun zustimmt oder nicht, bewundernswert.«

ZUR GLEICHEN ZEIT waren in der KPI im Zuge des Wandels in der Sowjetunion, des Falls der Berliner Mauer und des Zusammenbruchs der kommunistischen Regime in Osteuropa heftige Diskussionen um eine Reform und eine Umbenennung der einmal einflußreichsten kommunistischen Partei des Westens in Gang gekommen. Ein Teil der Mitglieder befürwortete die Erneuerung, ein Teil wollte an den traditionellen Werten festhalten und nichts von einer Namensänderung wissen. Natalia gehörte zu letzteren. Sie hätte auch lieber Alexander Dubček als ihren Schriftstellerkollegen Václav Havel an der Spitze der neuen Tschechoslowakei gesehen. Bei einem Abendessen mit ihrem alten Freund Vittorio Foa und einigen jüngeren Leuten in einer römischen Trattoria vertrat sie als einzige die »nostalgische« Meinung, man müsse seiner Vergangenheit treu bleiben, das alte Symbol und den Namen behalten. Sie stritten heftig, wenn auch freundschaftlich und ironisch. »Wenn ihr euch alle einig seid, kann ich ja gehen«, sagte Natalia schließlich. »Nein, nein, bitte bleib«, antwortete ihr Vittorio Foa, der eher optimistisch eingestellt war und stets zu sehen versuchte, was Neuerungen Positives bringen könnten. »*Nostalgia,* Sehnsucht ist etwas Wunderbares, wenn es sich nur um Sehnsucht nach der Zukunft handelt.« Beim nächsten Parteitag im Frühjahr 1990 wurde die KPI in PDS, *Partito democratico della sinistra* (Demokratische Partei der Linken), umbenannt.

NATALIA LIEBTE DIE WELT, die sie umgab, nicht mehr und blickte voll Pessimismus auf das heutige Italien. Besonders besorgte sie der Zerfall der Familien in der modernen Gesellschaft. »Nicht daß mir die Familien, so wie sie früher waren, gefielen. Aber ich glaube, ein Mensch braucht die Familien, auch wenn sie schlecht und katastrophal sind. Ohne Familie wachsen die Menschen mit Schwierigkeiten auf.« Auch die Zerstörung der bäuerlichen Kultur durch die forcierte, schlecht geplante Industrialisierung hielt sie für ein Unglück, wenngleich sie wußte, daß sie damit bei vielen, unter anderem bei ihrem ältesten Bruder Gino Martinoli, auf Kritik stieß. »Meine Kritiker sagen, früher starben die Bauern an Infektionskrankheiten. Aber man hätte diese Krankheiten besiegen können. Italien ist schlecht industrialisiert worden. Man hat Autobahnen gebaut, wo Felder waren, die Autos sind überall, die Züge funktionieren schlecht, die Schlafkasernen rund um die Städte sind entsetzlich und bieten keinen Lebensraum. Die Industrialisierung war ein destruktiver Prozeß für ein Land, das für Landwirtschaft und Tourismus gemacht war. Alle sagen, daß ich unrecht habe. Aber Pasolini war, wenn ich mich nicht irre, auch dieser Ansicht.«

EINES ABENDS saß sie mit einer Freundin zusammen und sie plauderten über die Dinge, die jede gerade bewegten. Die junge Frau sagte aufgebracht: »Wenn mein Mann mich betrügt, bringe ich ihn um!« – »Aber nein«, erwiderte Natalia und legte ihr beruhigend die Hand auf den Arm, »reg dich nicht auf. Das kann passieren, es ist wie ein Spaziergang im Wald.« Dann schwieg sie. »Im Alter fürchten wir zu vergessen, wie die Liebe war. Wir erinnern uns, daß sie zweierlei sein konnte. Sie konnte unvermittelt sein und die Welt in Brand stecken. Oder sie konnte kaum merklich sein und die Farbe der Luft haben. War sie wie die Luft, erkannten wir sie an wenigen Zeichen. An der Schnelligkeit der Stunden, der Leichtigkeit des Atems... War die Liebe aber wie das Feuer, verging die Zeit für uns weder langsam noch schnell, denn sie existierte nicht mehr. Wir konnten regungslose Stunden damit verbringen zuzusehen, wie die Welt brannte. Wir konnten nichts mehr tun außer träumen...« Sie wandte sich wieder der Freundin zu. »Weißt du, in der Sexualität gibt es die Ereignisse und die Spiele«, sagte sie. Sie wußte um »die Drachen, die Tiger, die Adler«, die die Begegnung zwischen Mann und Frau zum Ereignis machten, und nur das zählte. »Die Bedeutung, die sexuelle Spiele haben, ist im allgemeinen minimal... Vielleicht lohnt es sich gar nicht, darüber zu sprechen.«

Wir können es nicht wissen
1991

Im Winter 1990 erwachte Natalia eines Nachts mit starken Schmerzen. Sie fühlte sich, als würde sie sterben. Ein Arzt, der im selben Haus wohnte, wurde gerufen und brachte sie sofort ins Krankenhaus. Man diagnostizierte ein Magengeschwür, und sie wurde noch in der Nacht operiert; zwei Drittel des Magens wurden entfernt. Als sie nach dem Krankenhausaufenthalt wieder nach Hause kam, mußte sie strenge Diät halten und durfte nicht mehr rauchen. Das fiel ihr besonders schwer, aber sie versprach, sich daran zu halten.

Nach und nach erholte sie sich, konnte wieder aufstehen und begann allmählich, ihr gewohntes Leben wieder aufzunehmen. Sie ging wieder ins Parlament, traf Dinda Gallo und andere Freundinnen, um zu plaudern und ins Kino zu gehen, verbrachte viel Zeit mit ihren geliebten Enkelinnen. Kurz vor der Operation war sie Urgroßmutter geworden, und als sie das Baby im Arm hielt, sagte sie strahlend: »Das ist das Leben, nicht die Bücher«, und wollte es gar nicht mehr hergeben.

Einaudi beauftragte sie mit der Übersetzung von Maupassants Roman »Ein Leben«, und sie arbeitete regelmäßig daran.

Im Sommer fuhr sie wie immer mit ihren Kindern und Kindeskindern nach Sperlonga. Dort verschlechterte sich ihr Gesundheitszustand erneut, sie fühlte sich niedergeschlagen und hatte auch stark abgenommen. Die Kinder beschlossen, mit ihr nach Frankreich zu fahren, um sie untersuchen zu lassen. Nach der Rückkehr wurde sie bald bettlägerig. Sie fragte die Kinder nicht nach den Untersuchungsergebnissen, und die Kinder sagten ihr nicht, daß Metastasen festgestellt worden waren. Aber sie wußte, wie es um sie stand. Zu Cesare Garboli sagte sie, als er einmal an ihrem Bett saß: »Ich habe keinen Hunger mehr, Cesare, ich werde bald sterben.«

Die Familie, Dinda Gallo und Cesare Garboli waren ständig um sie. Sie war mit der Maupassant-Übersetzung fertig, das Manuskript lag auf dem Bett, die Enkelinnen lasen ihr daraus vor und notierten die Korrekturen. »Ich weiß gar nicht, was ich tun soll, wenn ich ›Ein Leben‹ abgeschlossen habe«, sagte sie.

Natalia Ginzburg starb am 8. Oktober 1991.

Wir können es nicht wissen

Wir können es nicht wissen. Niemand hat es gesagt.
Vielleicht ist dort nichts anderes als ein durchgelegenes Bett,
vier zerfledderte Strohstühle und ein alter,
von Mäusen angenagter Pantoffel. Womöglich ist Gott eine Maus
und huscht, kaum kommen wir, davon, um sich zu verstecken.
Es kann aber auch sein, daß er der angenagte, ausgetretene
Pantoffel ist. Wir können es nicht wissen.

Vielleicht fürchtet sich Gott vor uns und läuft fort,
und wir werden ihn lange rufen, mit den süßesten Namen rufen müssen,
um ihn zu bewegen zurückzukommen. Aus einem fernen Winkel
des Zimmers wird er uns regungslos anstarren.

Vielleicht ist Gott klein wie ein Staubkorn,
und wir werden ihn nur mit dem Mikroskop sehen können,
winziger blauer Schatten auf dem Glasplättchen, winziger
schwarzer Flügel, verloren in der Nacht des Mikroskops,
und wir stehen stumm davor, in gespannter Betrachtung.
Vielleicht ist Gott groß wie das Meer und schäumt und donnert.

Vielleicht ist Gott kalt wie der Winterwind,
vielleicht heult und dröhnt er wie ohrenbetäubender Lärm,
und wir werden uns die Ohren zuhalten müssen,
entsetzt und zitternd, auf den Boden gekauert.
Wir können nicht wissen, wie Gott ist. Und von allen Dingen,
die wir wissen möchten, ist dies doch das einzig wesentliche.

Vielleicht ist Gott langweilig, langweilig wie der Regen,
und sein Paradies ist tödliche Langeweile.

Vielleicht trägt Gott eine dunkle Brille, einen Seidenschal,
hat zwei Spitze an der Leine. Vielleicht trägt er Gamaschen,
sitzt in einer Ecke und sagt kein Wort.
Vielleicht hat er gefärbte Haare, ein Transistorradio,
und bräunt sich die Beine auf dem Dach eines Wolkenkratzers.
Wir können es nicht wissen. Niemand weiß etwas.
Vielleicht schickt er uns, kaum angekommen, los,
um ihm Brot und Salami und eine Flasche Wein zu holen.

Vielleicht ist Gott langweilig, langweilig wie der Regen,
und sein Paradies ist immer das gleiche Lied,
wehende Schleier, Federn, Wolken,
ein Geruch nach abgeschnittenen Lilien, eine Todeslangeweile,
und ab und zu ein halbes Wort, um die Zeit herumzubringen.
Vielleicht sind Gott zwei, ein Ehepaar,
in Schlaf gesunken an einem Wirtshaustisch.

Vielleicht hat Gott keine Zeit. Er wird uns sagen, wir sollen gehen
und später wiederkommen. Wir werden spazierengehen;
uns auf eine Bank setzen und die vorbeifahrenden Züge zählen,
die Ameisen, die Vögel, die Schiffe. Hoch oben wird Gott
ans Fenster treten, um die Nacht und die Straße zu betrachten.

Wir können es nicht wissen. Niemand weiß es.
Es kann auch sein, daß Gott Hunger hat und wir ihm zu essen geben müssen.
Vielleicht ist er am Verhungern, friert und zittert im Fieber,
unter einer schmutzigen Decke voller Wanzen,
und wir werden loslaufen und Milch und Holz auftreiben
und einen Arzt anrufen müssen, und wer weiß, ob wir sofort
ein Telefon und die Münzen und die Nummer finden werden
in der überfüllten Nacht, wer weiß, ob wir genug Geld dabeihaben werden.

Anhang

Lebenschronik

1916 Natalia Ginzburg wird am 14. Juli als Tochter des Anatomieprofessors Giuseppe Levi und seiner Frau Lidia Tanzi in Palermo geboren, die letzte von fünf Geschwistern.

1919 Die Familie Levi übersiedelt nach Turin. Natalia besucht nicht die Grundschule, sondern wird zu Hause unterrichtet.

1927 Eintritt in das klassische Gymnasium Vittorio Alfieri.

1933 Natalia schreibt ihre erste »ernsthafte« Erzählung, »Un'assenza«.

1934 Erste Veröffentlichung in der Literaturzeitschrift ›Solaria‹.

1935 Natalia macht Abitur und beginnt ein Studium der Literaturwissenschaft, das sie nicht abschließt. Weitere Veröffentlichungen von Erzählungen in Zeitschriften.

1938 Natalia heiratet Leone Ginzburg.

1940 Mit ihren beiden Söhnen Carlo und Andrea folgt sie ihrem Mann in die Verbannung nach Pizzoli in den Abruzzen. In L'Aquila, der nächsten größeren Stadt, wird 1943 ihre Tochter Alessandra geboren.

1942 Unter dem Pseudonym Alessandra Tornimparte veröffentlicht sie beim Einaudi-Verlag, Turin, ihren ersten Roman, »La strada che va in città«. Übersetzt Proust.

1943 Im Oktober folgt sie ihrem Mann nach Rom, der am 26. Juli, nach dem Sturz Mussolinis, den Verbannungsort verlassen hat, um im Untergrund zu arbeiten. Am 20. November wird Leone Ginzburg in der Untergrunddruckerei in der via Basento verhaftet und nach kurzer Zeit in den deutschen Trakt des römischen Gefängnisses Regina Coeli überstellt. Natalia versteckt sich mit den Kindern in einem Nonnenkloster an der via Nomentana.

1944 Leone Ginzburg stirbt am 5. Februar im Gefängnis an den Folgen der Folter. Natalia geht nach Florenz zu Verwandten. Nach der Befreiung kehrt sie im Oktober nach Rom zurück. Sie beginnt im Einaudi-Verlag als Lektorin zu arbeiten.
In der Zeitschrift ›Mercurio‹ erscheint ihr Gedicht »Memoria«.

1945 Natalia Ginzburg geht zurück nach Turin und arbeitet weiter bei Einaudi.

1947 Veröffentlichung ihres kurzen Romans »E' stato così«.

1950 Natalia Ginzburg heiratet den Anglistikprofessor Gabriele Baldini.

1952 Sie zieht mit ihrem Mann nach Rom und veröffentlicht den Roman »Tutti i nostri ieri«.

1957 Die Erzählung »Valentino« erscheint in einem Band mit »Sagittario« und »La madre«.

1959 Sie geht mit Gabriele Baldini nach London; er leitet zwei Jahre lang das dortige italienische Kulturinstitut.

1961 Veröffentlichung des Romans »Le voci della sera«.

1962 Nach der Rückkehr mit ihrem Mann nach Rom zieht sie in die Wohnung an der Piazza Campo Marzio. Ihre Essaysammlung »Le piccole virtù« erscheint.

1963 Sie veröffentlicht den autobiographischen Roman »Lessico famigliare« und erhält dafür den *Premio Strega.*

1965 Die Komödie »Ti ho sposato per allegria« wird erfolgreich aufgeführt und erscheint 1966 zusammen mit weiteren Theaterstücken unter dem Titel »Ti ho sposato per allegria e altre commedie« als Buch.

1969 Gabriele Baldini stirbt im römischen Ospedale San Giacomo an Virushepatitis.

1970 Natalia Ginzburg veröffentlicht den Essayband »Mai devi domandarmi«.

1973 Ein weiterer Band mit Theaterstücken, »Paese di mare« und der teils erzählend, teils in Briefform geschriebene Roman »Caro Michele« erscheinen.

1974 Sie veröffentlicht »Vita immaginaria«, eine Sammlung von Essays und Artikeln.

1977 Unter dem Titel »Famiglia« erscheinen die beiden langen Erzählungen »Famiglia« und »Borghesia«.

1983 Sie veröffentlicht den historischen Roman »La famiglia Manzoni« und wird als unabhängige Linke in den Listen der KPI als Abgeordnete ins Parlament gewählt.

1984 Der Briefroman »La città e la casa« erscheint.

1987 Natalia Ginzburg wird in ihrem Mandat als Abgeordnete bestätigt.

1989 Unter dem Titel »Vita attraverso le lettere« gibt sie eine Auswahl der Briefe Anton Tschechows heraus, der sie eine Lebensbeschreibung des Dichters voranstellt.

1990 Sie veröffentlicht »Serena Cruz o la vera giustizia«, eine literarisch verarbeitete Dokumentation über den Adoptionsfall Serena Cruz.

1991 Natalia Ginzburg stirbt am 8. Oktober in Rom.

In diesem Buch sind besonders im Deutschen nicht zugängliche Texte Natalia Ginzburgs selbst und viele Zeitzeugen zu Wort gekommen; um der stilistischen Einheit willen wurden alle Zitate aus dem Italienischen neu übersetzt. Natalia Ginzburgs Werke wurden zitiert nach der Ausgabe der »Opere«, Bd. I und II, Mondadori, Milano 1986 und 1987, die darin nicht enthaltenen Texte nach den in der Bibliographie genannten Ausgaben.

Außerdem wurden schriftliche und mündliche Interviews, Zeitungsartikel, die alle aufzuführen unmöglich wäre, sowie Natalia Ginzburgs Parlamentsbeiträge und Materialien aus dem Einaudi-Archiv (aus dem auch die Auszüge aus dem Briefwechsel mit dem Verlag und das Gedicht »Wir können es nicht wissen« am Schluß des Buches stammen) herangezogen.

Werke

»La strada che va in città«. Einaudi, Torino 1942, unter dem Pseudonym Alessandra Tornimparte

»E' stato così«. Einaudi, Torino 1947. Deutsch: »So ist es gewesen«. Aus dem Italienischen von Maja Pflug, Wagenbach, Berlin 1992

»Tutti i nostri ieri«. Einaudi,Torino 1952. Deutsch: »Alle unsere Jahre«. Walter, Olten-Freiburg 1967

»Valentino«. Einaudi, Torino 1957 (umfaßt auch »La madre« und »Sagittario«). Deutsch: »Valentino«. Aus dem Italienischen von Maja Pflug, Arche, Zürich 1985; »Schütze«. Aus dem Italienischen von Joachim Meinert, Wagenbach, Berlin 1994

»Le voci della sera«. Einaudi, Torino 1961. Deutsch: »Die Stimmen des Abends«. Aus dem Italienischen von Alice Vollenweider, Walter, Olten-Freiburg 1964

»Le piccole virtù«. Einaudi, Torino 1962. Deutsche Auswahl: »Winter in den Abruzzen«. Aus dem Italienischen von Alice Vollenweider, Friedenauer Presse, Berlin 1988 und in Übersetzungen von Alice Vollenweider und Maja Pflug, Wagenbach, Berlin 1988 und 1991

»Lessico famigliare«. Einaudi, Torino 1963. Deutsch: »Familienlexikon«. Aus dem Italienischen von Alice Vollenweider, Walter, Olten-Freiburg 1965; Wagenbach, Berlin 1993

»Cinque romanzi brevi«. Einaudi, Torino 1964 (enthält die Romane »La strada che va in città«, »E' stato così«, »Tutti i nostri ieri«, »Valentino«, »Sagittario«, die Erzählungen »Un'assenza«, »Casa al mare«, »Mio marito«, »La madre« und ein ihr Schreiben reflektierendes »Vorwort«)

»Ti ho sposato per allegria e altre commedie«. Einaudi, Torino 1966 (enthält, außer der Titelkomödie, »L'inserzione«, »Fragola e panna«, »La segretaria«)

»Mai devi domandarmi«. Garzanti, Milano 1970. Deutsche Auswahl: »Nie sollst du mich befragen«. Aus dem Italienischen von Maja Pflug, Wagenbach, Berlin 1991 (enthält auch »I rapporti umani«, »Die menschlichen Beziehungen« aus »Le piccole virtù«)

»Paese di mare«. Garzanti, Milano 1973 (enthält, außer der Titelkomödie, »Dialogo«, »La porta sbagliata«, »La parrucca«)

»Caro Michele«. Mondadori, Milano 1973. Deutsch: »Caro Michele«. Aus dem Italienischen von Arianna Giacchi, Insel, Frankfurt a.M. 1974
»Vita immaginaria«. Mondadori, Milano 1974. Deutsche Auswahl, ergänzt um weitere Texte: »Das imaginäre Leben«. Aus dem Italienischen von Maja Pflug, Wagenbach, Berlin 1995
»Famiglia«. Einaudi, Torino 1977. Deutsch: »Ein Mann und eine Frau«. Aus dem Italienischen von Arianna Giacchi, Insel, Frankfurt a.M. 1980
»La famiglia Manzoni«. Einaudi, Torino 1983. Deutsch: »Die Familie Manzoni«. Aus dem Italienischen von Maja Pflug, Claassen, Düsseldorf 1985
»La città e la casa«. Einaudi, Torino 1984. Deutsch: »Die Stadt und das Haus«. Aus dem Italienischen von Maja Pflug, Claassen, Düsseldorf 1986
»Opere«. Gesammelte Werke in zwei Bänden in der Reihe »I Meridiani«, Mondadori, Milano 1987
»L'intervista. Commedia in tre atti«. Einaudi, Torino 1989
»Serena Cruz o la vera giustizia«. Einaudi, Torino 1990

Natalia Ginzburg als Übersetzerin

Vercors, »Il silenzio del mare«. Einaudi, Torino 1945
Marcel Proust, »La strada di Swann«. Einaudi, Torino 1946; Neuauflage mit einem Nachwort 1990
Igor Markevitch, »Made in Italy«. Einaudi, Torino 1948
Gustave Flaubert, »Madame Bovary«. Einaudi, Torino 1983
Molyda Szymusiak, »Il racconto di Peuw bambina cambogiana (1975-1980)«. Einaudi, Torino 1986
Marguerite Duras, »Suzanna Andler«. Einaudi, Torino 1987
Saul Friedlander, »A poco a poco il ricordo«. Einaudi, Torino 1990
Guy de Maupassant, »Una vita«. Einaudi, Torino 1992

Natalia Ginzburg als Herausgeberin

(mit Leone Ginzburg) Charles de Montesquieu, »Riflessioni e pensieri inediti 1716–1755«. Einaudi, Torino 1943
(mit Giovanna Delfini) Antonio Delfini, »Diari 1927-1961«. Einaudi, Torino 1982
Anton Čechov, »Vita attraverso le lettere«. Einaudi, Torino 1989. Deutsch die vorangestellte kurze Biographie: »Anton Čechov. Eine Lebensbeschreibung«. Aus dem Italienischen von Maja Pflug, Wagenbach, Berlin 1990.

Einführungen und Vorworte

Marchesa Colombi, »Un matrimonio in provincia«. Einaudi, Torino 1973
Primo Levi, »Il sistema periodico«. Einaudi, Torino 1979
Mario Soldati, »La carta del cielo«. Einaudi, Torino 1980
Lev Tolstoi, »Anna Karenina« und »Resurrezione«. Einaudi, Torino 1945 und 1952.
Fedor Dostoevskij, »Delitto e castigo«. Einaudi, Torino 1947
Anne Frank, »Diario«. Einaudi, Torino 1954
Umberto Pavia, »Quaderno dei temi«. Einaudi, Torino 1977
Tommaso Bordonaro, »La spartenza«. Einaudi, Torino 1991

Literatur

Andrae, Friedrich, »Auch gegen Frauen und Kinder. Der Krieg der deutschen Wehrmacht gegen die Zivilbevölkerung in Italien 1943–1945«. Piper, München/Zürich 1995
Bertone, Giorgio, »Italo Calvino, Il castello della scrittura«. Einaudi, Torino 1994
Bobbio, Norberto, »Maestri e compagni«. Passigli Editori, Firenze 1984
Bullock, Alan, »Natalia Ginzburg. Human Relationships in a Changing World«. New York/Oxford 1991
Clementelli, Elena, »Invito alla lettura di Natalia Ginzburg«. Mursia, Milano 1972
»Giulio Einaudi im Gespräch mit Severino Cesari«. Axel Dielmann, Frankfurt a.M. 1993
De Felice, Renzo, »Storia degli ebrei italiani sotto il fascismo«. Einaudi, Torino 1993
Falaschi, Giovanni (Hrsg.), »La letteratura partigiana in Italia 1943-1945«. Editori Riuniti, Roma 1984
Fallaci, Oriana, »Ab- und Beifälliges über Prominente«. Aus dem Italienischen von Rosemarie Winterberg, dtv, München 1967
Fleischanderl, Karin, »Das Universum der Melancholie. Die Familie als Bild und Realität im Werk Natalia Ginzburgs«. Dissertation, Wien 1989
Foa, Vittorio, »Il cavallo e la torre«. Einaudi, Torino 1991
Garboli, Cesare, »Scritti servili«. Einaudi, Torino 1989
Ginsborg, Paul, »Storia d'Italia dal dopoguerra a oggi«. Einaudi, Torino 1989
Hausmann, Friederike, »Kleine Geschichte Italiens seit 1943«. Wagenbach, Berlin 1994
Heilbrun, Carolyn G., »Scrivere la vita di una donna«. La Tartaruga, Milano 1990
Höhenwarter, Sabine, »Die Dinge in mir. Leben und Werk der Natalia Ginzburg«. Wiener Frauenverlag, Wien 1992
Hösle, J./Eitel, W. (Hrsg.), »Italienische Literatur der Gegenwart«. Kröner, Stuttgart 1974

Kapp, Volker (Hrsg.), »Italienische Literaturgeschichte«. Metzler, Stuttgart/Weimar 1992
Klüger, Ruth, »weiter leben. Eine Jugend«. Wallstein, Göttingen 1992
Lajolo, Davide, »Kadenz des Leidens«. Claassen, Hamburg 1964
Levi Montalcini, Rita, »Elogio dell'imperfezione«. Garzanti, Milano 1990
Marchionne Picchione, Luciana, »Natalia Ginzburg«. Il Castoro, Firenze 1978
Morante, Elsa, »Für oder wider die Atombombe«. Arche, Zürich 1991
Naldini, Nico, »Pier Paolo Pasolini. Eine Biographie«. Wagenbach, Berlin 1991
Pasolini, Pier Paolo, »Freibeuterschriften. Die Zerstörung der Kultur des Einzelnen durch die Konsumgesellschaft«. Auszug aus »Die KPI an die Jugend« im Nachwort von Agathe Haag, Wagenbach, Berlin 1978
Pavese, Cesare, »Ein Leben im Spiegel der Briefe«. Volk und Welt, Berlin 1986
Procacci, Giuliano, »Geschichte Italiens und der Italiener«. Beck, München 1983
Turi, Gabriele, »Casa Einaudi. Libri, uomini, idee oltre il fascismo«. Il Mulino, Bologna 1990
Weil, Grete, »Meine Schwester Antigone«. Fischer, Frankfurt a. M. 1982

Personenverzeichnis

ANTONICELLI, Franco Antifaschist, Einaudi-Mitarbeiter in den Gründungsjahren des Verlages

ASTI, Adriana (geb. 1933), Schauspielerin (»Ich habe dich zum Vergnügen geheiratet«)

BADOGLIO, Pietro (1871-1956), nach dem Sturz Mussolinis 1943 wurde der General vom König zum Regierungschef ernannt; handelte mit den Alliierten die italienische Kapitulation aus

BALBO, Felice (1912-1964), antifaschistischer Schriftsteller und Politiker, Linkskatholik

BALBO, Lola Frau von Felice Balbo

BALDINI, Antonio (6.1. 1959-2.3. 1960), Sohn von Natalia Ginzburg und Gabriele Baldini

BALDINI, Gabriele (1919-1969), Anglist, Schriftsteller und Kritiker, zweiter Mann von Natalia Ginzburg

BALDINI, Susanna (geb. 4.9. 1954), Tochter von Natalia Ginzburg und Gabriele Baldini

BASSANI, Giorgio (geb. 1916), Lyriker, Erzähler, Kritiker (»Die Gärten der Finzi Contini«), *Premio Strega* 1956

BAYE, Nathalie französische Schauspielerin

BECCARIA, Giulia (1761-1841), Mutter von Alessandro Manzoni

BENCO, Silvio (1874-1949), Schriftsteller und Journalist

BERGMAN, Ingmar (geb. 1918), schwedischer Filmregisseur und Drehbuchautor

BERLINGUER, Enrico (1922-1984), ab 1972 Generalsekretär der Kommunistischen Partei Italiens

BIRAGHI, Giuseppina Großmutter von Natalia Ginzburg mütterlicherseits

BISSOLATI BERGAMASCHI, Leonida (1857-1920), Politiker, Mitbegründer der Sozialistischen Partei Italiens

BLAKE, William (1757-1827), englischer Maler, Graphiker und Dichter

BO, Carlo (geb. 1911), Romanist, Rektor der Universität Urbino, Literaturkritiker und Publizist

BOBBIO, Norberto (geb. 1909), lehrt seit über vier Jahrzehnten politische und Rechtsphilosophie in Turin und ist Senator auf Lebenszeit; Schulfreund Leone Ginzburgs

CAJUMI, Arrigo Antifaschist, Einaudi-Mitarbeiter in den Gründungsjahren

CALDWELL, Erskine (1903-1987), amerikanischer Schriftsteller

CALVINO, Italo (1923-1985), Schriftsteller

CAPUANA, Luigi (1839-1915), Schriftsteller, Journalist, Literaturkritiker, Theoretiker des *verismo*

CARENA, Carlo Mitarbeiter des Einaudi-Verlages

CARRARA, Paola Kinderbuchautorin, Freundin von Natalia Ginzburgs Eltern

CITATI, Pietro (geb. 1930), Schriftsteller, Essayist, Literaturkritiker

CLEMENTELLI, Elena (geb. 1923), Literaturwissenschaftlerin (»Invito alla lettura di Natalia Ginzburg«)

COLLODI, Carlo (1826-1890), Schriftsteller (»Pinocchio«), eigentlich Carlo Lorenzini
COLOMBI, Marchesa Schriftstellerin des 19. Jahrhunderts (»Eine Provinzheirat«)
COMPTON-BURNETT, Ivy (1892-1969), englische Romanschriftstellerin
COPPOLA, Luca Theaterregisseur, wurde 1987 in Sizilien ermordet
CORAZZINI, Sergio (1886-1907), Dichter, Vertreter der »Dekadenzliteratur«
CORTI, Maria (geb. 1915), Philologin und Schriftstellerin
CROCE, Benedetto (1866-1952), Philosoph, Historiker und liberaler Politiker, ein geistiger Führer des Antifaschismus
CRUZ, Serena philippinisches Mädchen, dessen Adoptionsgeschichte in Italien eine Grundsatzdiskussion über das Adoptionsrecht auslöste
D'ANNUNZIO, Gabriele (1863-1938), Schriftsteller, Hauptvertreter der symbolisch-dekadenten Richtung, sympathisierte mit dem Faschismus
DE CARLO, Andrea (geb. 1952), Schriftsteller
DE TOMMASO, P. Literaturwissenschaftler
DEBENEDETTI, Santorre (1878-1948), mit Natalia Ginzburg befreundeter Philologe
DEL BUONO, Oreste (geb. 1923), Schriftsteller, Literatur- und Filmkritiker
DELFINI, Antonio (1907-1963), Schriftsteller und Redakteur
DUBČEK, Alexander (1921-1992), Führer der tschechoslowakischen Reformbewegung während des *Prager Frühlings* 1968
EINAUDI, Giulio (geb. 1912), Verleger, Sohn von Luigi Einaudi
EINAUDI, Luigi (1874-1961), Ökonom, Mitglied der *Democrazia Cristiana*, 1948-1955 Staatspräsident
FALLACI, Oriana (geb. 1929), Journalistin, Kriegsberichterstatterin und Schriftstellerin
FALQUI, Enrico (1901-1974), Literaturkritiker
FELLINI, Federico (1920-1993), Filmregisseur und Drehbuchautor
FENOGLIO, Beppe (1922-1963), Schriftsteller
FOÀ, Luciano Mitarbeiter des Einaudi-Verlages
FOA, Vittorio (geb. 1910), Gewerkschafter und Politiker, Senator der Partei der demokratischen Linken (PDS)
FRÖHLICH, Hans J. (1932-1986), Schriftsteller und Literaturkritiker
GADDA, Carlo Emilio (1893-1973), Schriftsteller (»Die gräßliche Bescherung in der Via Merulana«)
GALLO, Dinda Freundin von Natalia Ginzburg
GARBOLI, Cesare (geb. 1928), Essayist, Literaturkritiker, Herausgeber von Natalia Ginzburgs Werken im Mondadori-Verlag
GARCIA LORCA, Federico (1899-1936), spanischer Lyriker und Dramatiker
GEYMONAT, Ludovico (geb. 1908), Philosoph, Einaudi-Mitarbeiter in den Gründungsjahren des Verlages
GINZBURG, Alessandra (geb. 20.3. 1943), Psychoanalytikerin in Rom, Tochter von Natalia und Leone Ginzburg
GINZBURG, Andrea (geb. 9.4. 1940), Ökonom, Sohn von Natalia und Leone Ginzburg, lehrt an der Universität Modena

GINZBURG, Carlo (geb. 15.4. 1939), Historiker, Sohn von Natalia und Leone Ginzburg, lehrt in Bologna und Los Angeles

GINZBURG, Leone (9.4. 1909-5.2. 1944), Slavist, Schriftsteller und Antifaschist russischer Herkunft, erster Mann von Natalia Ginzburg; in deutscher Haft gestorben

GINZBURG, Nicola Bruder von Leone Ginzburg

GINZBURG, Teodoro Vater von Leone Ginzburg

GINZBURG, Vera Mutter von Leone Ginzburg

GIUA, Michele Chemieprofessor, Freund von Natalia Ginzburgs Eltern

GOZZANO, Guido (1883-1916), Dichter, wichtigster Vertreter des *crepuscolarismo* (Dämmerungsdichtung)

HABER, Alessandro Schauspieler

HAVEL, Václav (geb. 1936), Schriftsteller und Präsident der tschechischen Republik

HIKMET, Nazım (1902-1963), türkischer Dichter

KULISCHOFF, Anna (1857-1925), russische Revolutionärin; emigrierte nach Italien; Lebensgefährtin und Mitarbeiterin von Filippo Turati, befreundet mit Natalia Ginzburgs Mutter

LAGORIO, Gina (geb. 1922), Schriftstellerin und Essayistin; Parlamentsabgeordnete

LANDOLFI, Tommaso (1908-1979), Erzähler, Übersetzer und Redakteur

LATERZA, Giovanni (1873-1943), Verleger, der eng mit Benedetto Croce zusammenarbeitete

LAZZARINI, Giulia Schauspielerin

LEVI MONTALCINI, Rita (geb. 1909), Wissenschaftlerin, studierte bei Giuseppe Levi, erhielt 1986 den Nobelpreis für Medizin

LEVI, Alberto (geb. 27.7. 1909), Arzt, Bruder von Natalia Ginzburg

LEVI, Carlo (1902-1975), Maler und Schriftsteller (»Christus kam nur bis Eboli«)

LEVI, Cesare Theaterkritiker, Bruder von Natalia Ginzburgs Vater

LEVI, Gino (geb. 19.3. 1901), später Gino Martinoli, Bruder von Natalia Ginzburg, lebt in Ivrea

LEVI, Giuseppe (15.10. 1872-5.2. 1965), Histologe, Vater von Natalia Ginzburg

LEVI, Mario (geb. 11.2. 1905), Bruder von Natalia Ginzburg, lebte nach seiner Emigration in Frankreich

LEVI, Michele Bankier, Großvater von Natalia Ginzburg väterlicherseits

LEVI, Paola (geb. 12.7. 1902), Schwester von Natalia Ginzburg

LOY, Rosetta Schriftstellerin und Freundin von Natalia Ginzburg

LUSSU, Emilio (1890-1975), Politiker und Schriftsteller, während des Faschismus nach Frankreich emigriert, Mitbegründer der antifaschistischen Untergrundbewegung *Giustizia e libertà* und des *Partito d'azione* in Sardinien, ab 1947 Mitglied der Sozialistischen Partei, von 1953-1968 Abgeordneter

MAGNANI, Anna (1908-1973), Filmschauspielerin

MALVANO, Carla Jugendfreundin von Vittorio Foa und Leone Ginzburg

MALVANO, Paola Jugendfreundin von Vittorio Foa und Leone Ginzburg

MANZONI, Alessandro (1785-1873), Dichter der Romantik (»Die Verlobten«);

setzte sich für die Einigung Italiens ein; schuf die Grundlage der modernen, einheitlichen italienischen Schriftsprache

MARAINI, Dacia (geb. 1936), Schriftstellerin und Freundin von Natalia Ginzburg

MARANGONI, Matteo erster Ehemann von Natalia Ginzburgs Tante Drusilla Tanzi

MARTINOLI, Gino s. Levi, Gino

MEIR, Golda (1898-1978), Ministerpräsidentin Israels von 1969-1974

MILA, Massimo (geb. 1910), Musikwissenschaftler und Kritiker, Mitarbeiter des Einaudi-Verlages

MODIGLIANI, Jeanne Frau von Natalia Ginzburgs Bruder Mario

MONTALE, Eugenio (1896-1981), Dichter, Nobelpreis 1975, Senator auf Lebenszeit ab 1967, zweiter Mann von Natalia Ginzburgs Tante Drusilla Tanzi

MONTI, Augusto (1881-1966), Antifaschist, Lehrer am Turiner Liceo Massimo d'Azeglio, Schriftsteller

MORANTE, Elsa (1912-1985), Romanschriftstellerin und Freundin von Natalia Ginzburg

MOROVICH, Enrico Schriftsteller

MUSSOLINI, Benito (1883-1945), Führer der Faschisten, riß 1922 durch den »Marsch auf Rom« die Macht an sich, wurde 1945 zusammen mit seiner Geliebten von Widerstandskämpfern erschossen

NITTI, Fausto Mitbegründer der antifaschistischen Untergrundbewegung *Giustizia e libertà*

OLIVETTI, Adriano (1901-1960), Sohn von Camillo Olivetti, Antifaschist, Industrieller, Ehemann von Paola Levi

OLIVETTI, Camillo (1868-1943), Gründer der gleichnamigen Schreibmaschinenfabrik in Ivrea

OLIVIER, Laurence (geb. 1907), englischer Schauspieler und Regisseur

ORTESE, Anna Maria (geb. 1914), Schriftstellerin

PAJETTA, Giancarlo (1911-1990), Politiker, Antifaschist, kommunistischer Abgeordneter

PAMPALONI, Geno (geb. 1918), Literaturkritiker, Autor

PARRI, Ferruccio (1890-1980), 1943-1945 einer der wichtigsten Exponenten der Widerstandsbewegung, 1945 Ministerpräsident der ersten italienischen Regierung nach der Befreiung, später Senator auf Lebenszeit

PASCOLI, Giovanni (1855-1912), Dichter und Gelehrter

PASOLINI, Pier Paolo (1922-1975), Schriftsteller und Filmregisseur; wurde 1975 in Ostia ermordet

PAVESE, Cesare (1908-1950), Schriftsteller und Übersetzer amerikanischer Literatur, Programmdirektor im Einaudi-Verlag

PENNA, Sandro (1906-1977), Dichter

PERTINI, Sandro (1896-1990), Antifaschist, Widerstandskämpfer, nach dem Krieg Chefredakteur des sozialistischen Parteiorgans ›Avanti‹, von 1978-1985 italienischer Staatspräsident

PERUGIA, Emma Großmutter von Natalia Ginzburg väterlicherseits

PESTELLI, Leo (1909-1977), Journalist und Filmkritiker
PINTER, Harold (geb. 1930), englischer Dramatiker
PITIGRILLI (1893-1975), Pseudonym von Dino Segre, Autor vor allem erotischer Romane, unter dem Faschismus Spion der faschistischen Geheimpolizei
PLOWRIGHT, Joan englischer Schauspieler
PRATO, Dolores Schriftstellerin
PRATOLINI, Vasco (1913-1991), Schriftsteller
PRESLE, Micheline französische Schauspielerin
PROSPERI, Carola Schriftstellerin
QUADRI, Franco Theaterkritiker
RAMONDINO, Fabrizia (geb. 1936), Schriftstellerin
ROSSELLI, Amelia (geb. 1930), Dichterin
ROSSELLI, Carlo (1899-1937) Mitbegründer der Untergrundbewegung *Giustizia e libertà*, wurde mit seinem Bruder Nello von französischen Rechtsextremisten ermordet
ROSSI DORIA, Anna erste Frau von Carlo Ginzburg
ROSSI DORIA, Marina erste Frau von Andrea Ginzburg
SABA, Umberto (1883-1957), Dichter
SALVATORELLI, Luigi (1886-1974) Historiker, Journalist, Schriftsteller; mit den Eltern von Natalia Ginzburg bekannt
SAMONÀ, Carmelo (1926-1990) Hispanist in Rom, Schriftsteller, Freund der Familie Ginzburg
SARTRE, Jean Paul (1905-1980), französischer Philosoph und Schriftsteller
SEGRE, Dino s. Pitigrilli
SEGRE, Maria Gouvernante von Leone Ginzburg
SEGRE, Sion Antifaschist, Cousin von Pitigrilli, Freund Mario Levis
SERONI, Adriano Literaturkritiker
SINGER, Isaac Bashevis (1904-1991), Schriftsteller, Nobelpreis für Literatur 1978
SOFRI, Adriano seinerzeit Chefredakteur der Zeitung ›Lotta continua‹
SOLDATI, Mario (geb. 1906), Erzähler, Film- und Fernsehregisseur
STARNONE, Domenico Journalist
STEIN, Gertrude (1874-1946), amerikanische Schriftstellerin
STROMBERG, Kyra Autorin, Übersetzerin
SVEVO, Italo (1861-1928), eigentl. Ettore Schmitz, Schriftsteller
SZYMUSIAK, Molyda Schriftstellerin
TANZI, Carlo Anwalt, Sozialist, Großvater von Natalia Ginzburg mütterlicherseits
TANZI, Drusilla Schwester von Natalia Ginzburgs Mutter, in zweiter Ehe verheiratet mit dem Dichter Eugenio Montale
TANZI, Lidia (30.11. 1878-14.10. 1957), Mutter von Natalia Ginzburg
TANZI, Silvio Bruder von Natalia Ginzburgs Mutter
TERNI, Tullio Kollege und Freund von Giuseppe Levi
TOBINO, Mario Schriftsteller und Psychiater, Lebensgefährte von Natalia Ginzburgs Schwester Paola Levi
TURATI, Filippo einer der Gründerväter der sozialistischen Partei, den Großeltern mütterlicherseits von Natalia Ginzburg bekannt

UNGARETTI, Giuseppe (1888-1970), Dichter der hermetischen Schule
VARESE, Claudio Literaturkritiker
VISCONTI, Luchino (1906-1976), Film- und Theaterregisseur
VITTORINI, Elio (1908-1966), Schriftsteller, Übersetzer, Journalist, während des Krieges im antifaschistischen Widerstand
VIVANTI, Annie Schriftstellerin
VOLLENWEIDER, Alice (geb. 1929), Romanistin, Literaturkritikerin, Autorin und Übersetzerin, auch von Natalia Ginzburg

Bildnachweis

S. 19, 30, 32, 91, 92, 95, 103: Ullstein Bilderdienst, Berlin. S. 13, 64, 71, 77, 88: aus *Modern Italy*, Electa, Mailand 1986. S. 39: Adelphi, Mailand. S. 93, 97, 114/115, 146, 148: Archiv Einaudi-Verlag, Turin. S. 105: S. Fischer Verlag, Frankfurt/Main. S. 134: Gina Lollobrigida. S. 155, 163, 173: Effige/Giovanni Giovannetti. S. 167, 169, 170: Isolde Ohlbaum. Alle anderen: Archiv Verlag Klaus Wagenbach.

Danksagung

Während meiner Arbeit haben mir viele auf unterschiedliche Weise geholfen.

Natalia Ginzburgs Kinder und einige ihrer Freunde haben mir mit großer Freigiebigkeit Zeit gewidmet und mich an persönlichen Erinnerungen und Kenntnissen teilhaben lassen.

Carlo und Luisa Ginzburg danke ich für die langen Gespräche, ihre Gastfreundschaft in Bologna und die »Parlamentsbeiträge«, für ausführliche Auskünfte und Hinweise Andrea Ginzburg und Alessandra Ginzburg, die auch einen großen Teil der Fotos in diesem Buch zur Verfügung gestellt hat.

Rosetta Loy danke ich für die Gespräche, die Ermutigung und die Aufnahme in Rom; des weiteren danke ich Cesare Garboli und Vittorio Foa, die Zeit für mich fanden, Dinda Gallo, die mir einen Nachmittag lang von ihrer Freundin Natalia erzählt und mir Bücher und Tonbänder geliehen hat, und Barbarina Ceradini, die lange mit mir vor allem über ihren Bruder Gabriele Baldini gesprochen hat.

Silvana Ottieri danke ich für das Gespräch in Mailand, und Grazia Livi dafür, daß sie diesen Kontakt hergestellt hat.

Ich danke Giulio Einaudi, der mir durch Vermittlung von Roberto Cazzola gestattet hat, außer Rezensionen und Interviews auch den Briefwechsel zwischen Natalia Ginzburg und dem Verlag einzusehen, und Fulvio Barberino vom Einaudi-Archiv in Turin für die rasche Bereitstellung des Materials.

Gisela Baratta und ihrer Familie danke ich für die Gastfreundschaft in Rom, Marie-Thérèse Giraud und Enrico Ercole für ihre Gastfreundschaft in Turin.

Helmut Frielinghaus, meinem Gesprächspartner im Ginzburgschen Sinn, danke ich für seine Aufmerksamkeit, seine Begeisterung und seinen Rat, Traudi Pulz für einen wichtigen Buchhinweis und meinen Erstleserinnen Barbara Dietz, Waltraud Fischer, Monika Reinhardt und Brigitte Pflug für ihre Neugier, ihre Vorschläge und ihre Geduld.

Susanne Schüssler und Klaus Wagenbach danke ich für Anregungen und Hinweise, Susanne Müller und Stefanie Scharnberg für die Mitarbeit am Personenverzeichnis.

Vittorio Rieser danke ich für die Erinnerungen an seine Turiner Kindheit, und ganz besonders danke ich Günter Bechtle für seine unerschöpfliche Kritikfähigkeit und seine große materielle Hilfe während der ganzen Zeit meines Schreibens.

Maja Pflug

Natalia Ginzburg

Familienlexikon

Aus dem Italienischen von Alice Vollenweider

Band 12814

Das Porträt einer denkwürdigen Familie voll couragierter Exzentriker und das in einer Zeit, in der es Courage brauchte. Das Buch handelt überwiegend von der italienischen Bürger- und Intellektuellenwelt der 30er und 40er Jahre – das sind die Jahre des Faschismus, des Krieges, der deutschen Besetzung und des politischen Neuanfangs. Natalia Ginzburg schildert ihr Turiner Elternhaus und die Freundschaften ihrer Familie – stellvertretend für ähnlich situierte Familien – und zeigt, wie Zeitumstände Individuen einfangen, gefährden und prägen. Natalia Ginzburg hält sich eng an die tatsächlichen Personen, Orte und Daten und schreibt damit schnörkellos eine Chronik jener Jahre, zurückgenommen, ohne zu psychologisieren oder zu werten.

»Die Aufzeichnungen sind keine Anklageschrift, sondern ein Dokument der Zeitgeschichte, vergleichbar etwa mit den Memoiren von Simone de Beauvoir.«

Lexikon der Weltliteratur

Fischer Taschenbuch Verlag

fi 1082 / 4

Natalia Ginzburg

Nie sollst Du mich befragen

Erzählungen

Aus dem Italienischen von Maja Pflug

Band 12330

Alle in diesem Band versammelten Erzählungen sind ursprünglich in den Beilagen wichtiger italienischer Zeitungen erschienen (wie *Stampa*, *Il Giorno* und *Corriere de la Sera*). Es sind kleine, präzis gearbeitete Geschichten, die erst nachträglich zu einem Band vereinigt wurden. Jeder Text ist eine kleine Kostbarkeit für sich. Die Sujets sind: Wohnungssuche in Rom, frühe Schuleindrücke, Gymnasialzeit, Besuch beim Enkel, Bemerkungen zur Literatur. Die Titelgeschichte handelt von Opernbesuchen, spielt natürlich auf *Lohengrin* an, nur – Natalia Ginzburg mag keine Opern; sie schläft in den Vorstellungen immer ein. Die scheinbar lakonischen Notate aus dem Alltagsleben von Natalia Ginzburg sind Facettenstücke einer nie geschriebenen Autobiographie. Sie verknappt aufs unumgänglich Wesentliche, setzt Wörter hin, die dann einfach »stimmen«.

Fischer Taschenbuch Verlag

fi 2008 / 6